YOBEL

ヨベル新書
099

心折れる日を越え、明日を呼び寄せる

手造りの再生へ向かう原発被災地の小高から

小高夏期自由大学事務局
［編著］

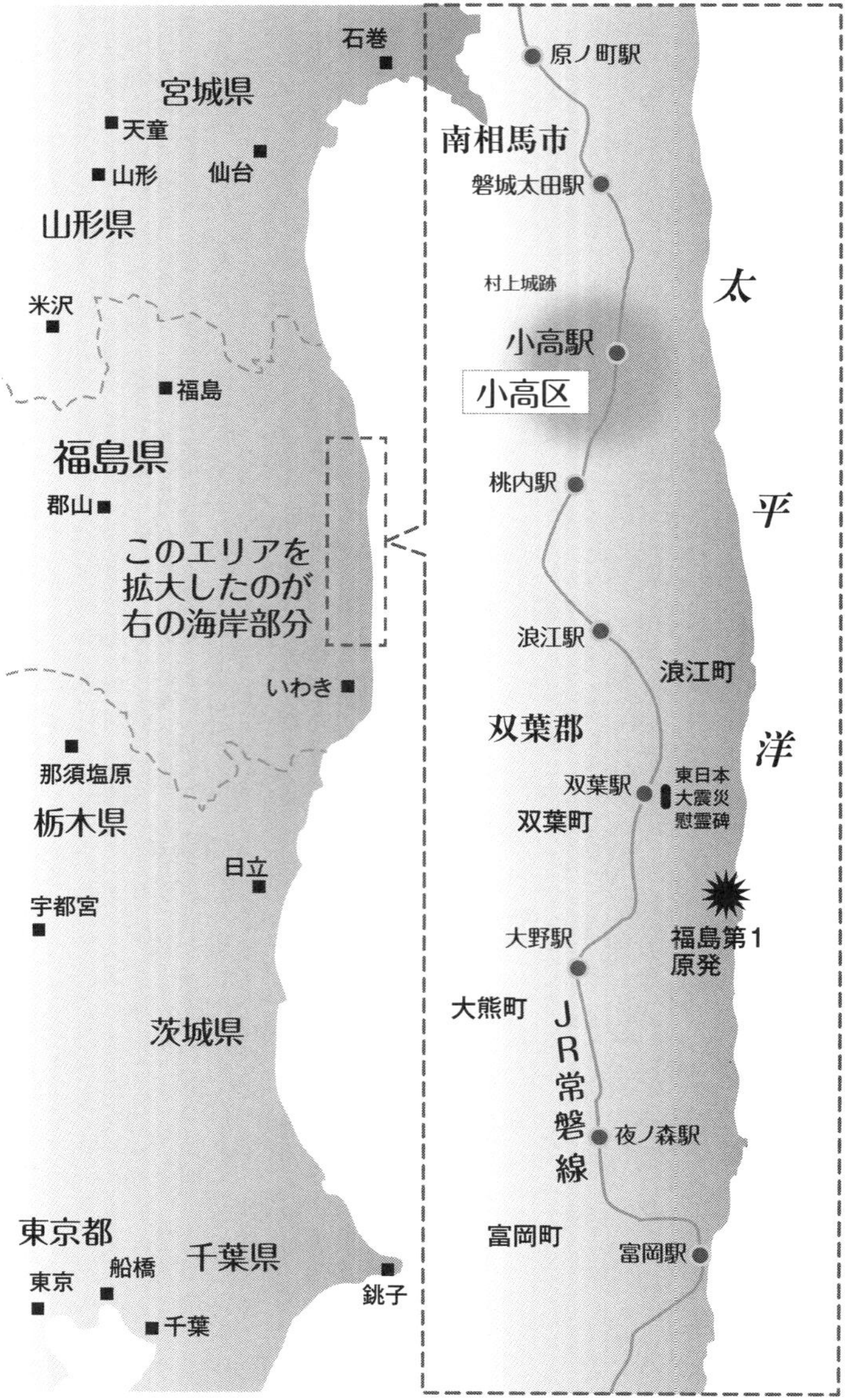

地図作成：ロゴスデザイン：長尾優

刊行の言葉

東京電力福島第一原子力発電所から20㎞圏内にあり、２０１１年3月11日の翌日には全住民に避難指示が出され、解除されるまでの5年間無人の街であった福島県南相馬市小高《おだか》区において、２０２３年9月、初めての小高夏期自由大学が開催されました。前年10月からそれぞれ月に一度、小高伝道所を会場として行われていた住民の交流の場である「小高への想いを語る集い」と「小高を愛し、小高を語る自由人の集い」の総集約としての意味を持つものでした。

小高区内外から、3日間、延べ１４５名が参加したこの集いは、「3・11東日本大震災」当時の様子や、その後の復興への取り組みが、徹底して住民の目線から語られたものとして豊かな実りを生みました。

第1日目の3人の登壇者によるパネルディスカッションでは、被災当時、避難をめぐってどれほど大きな苦しみや葛藤があったのか、またその経験から何を学んだのか、さらになお解決していない課題が幾つも残されていることなどが赤裸々に語られました。経験した者でないと決して理解出来ない事柄である一方、語らいには聴衆を包み込む温かさがありました。

第2日目の午前に行われたパネルディスカッションです。ここでの内容は、復興という言葉より、文字通り地域の再生という言葉こそ相応しい、地に足のついた取り組みが4人のパネラーによって報告されました。

忘れ難い言葉があります。企業を誘致して地域の復興を図ろうとする考えに対して語られた言葉です。パネラーの一人は次のように発言しました。

「(たとえ企業の誘致に成功しても、その企業が何らかの事情で撤退したとき)……こういう形で成り立っている地域っていうのは、ある日『突然死』してしまう。そういうリスクをはらんでいると思っています。なので、どうするかというと、小さくてもいいから、なりわいを持ってるとか、事業を回してるとか、得意なことを好きなことを生かしてそれをそれで生活しているとか、そういった人たちがたくさんいて、1個1個は小さいんで大したインパクトはありません。だけど、だからこそ何か共通の課題があったときにそれをみんなで解決しようとして課題解決に取り組みます。そうやって課題解決という成功体験を積んできたコミュニティっていうのは活発になりますね。活発なコミュニティには何が起きるかっていうとやっぱ仲間が増えますよね。」

このような考えで故郷の小高に戻り、事業を起こし始めると、次々に共感する若者が集まって来たのです。「……ただただ空中で意見を言うだけじゃなくて、やっぱり自分の周りの半径1キロぐらいを幸せにできるように、自分が何か動かなければいけないってふうに思って……」、あるいは「……何かその地域のためではなく、自分が幸せになるために行こうと思えたなっていうのがすごく自信なんかも覚えたので決断をしました」などです。

1日目の切実な被災体験の話から始まったこの集いは、2日目の若者たちによって語られた小高再生への歩みによって、明日へと向かう勇気と希望を分かち合う場となりました。

同時に、私たちの街が、かつての賑わいを失い、これほどの辛い経験をしなければならなくなった一番の原因が、原発事故により放出された放射能の問題にあることは、決して忘れ去ってはならない小高夏期自由大学の基調テーマです。高橋哲哉さんによる主題講演に常に立ち戻りつつ、小高の今日を、そして明日を共に生き、小高の街づくりの一端をも担う者となることが出来ればと願っています。

あと2つ、付記したいことがあります。

その一つは〝**故郷**〟についてです。

移り住んで3年目を迎えましたが、東京生まれ、東京育ちであった私が〝**故郷**〟とは何かを初めて知らされた時がありました。それは、復興拠点として建てられた「小高交流センター」の一室で行われていた「懐かしい歌を歌う集い」に集まった住民が、歌い終わった後のひと時、それぞれ自己紹介を兼ねて現在の想いを語り合っていた時のことでした。避難先のA県から戻られた方がその理由を次のように言われたのです。「小高川（のほとり）から眺める阿武隈高地に沈む夕陽の美しさをもう一度見たかったから」と。

　小高にしても、私がもう一つの任を負う教会のある浪江にしても、心奪われる自然の美しさを知らされています。しかし、小高川からの夕陽の美しさを見るために戻って来たという言葉を聴いた時、初めて〝**故郷**〟とは何かを知らされたように思いました。

飯島　信氏

　その二つめは小高の人々の**優しさ**です。

　一人として知る人のいない中で生活を始めて1週間も経たない時のことでした。玄関のベルが鳴り、まだ誰も知らないのに誰だろうと思いながら戸を開けると、近くの魚屋さんのお連れ合いが立っていて、天婦羅を差し入れてくださったのです。東京では経験出来ないことでした。そして、さらに1週間後、また玄関のベルが鳴りました。戸を開けると、今度は魚屋さんご本人が同じく野菜の天婦羅を差し入れてくださいました。魚屋さんだけではありません。お向かいの家や、近所の家の方が、これまでに何度もご飯やおやつなどを差し入れてくださっているのです。差し入れがあったから優しいと言うのではありません。小高の人々の移住して来た者に対する**優しさ**の現れとしての一つの例であるのです。

小高。ここは、そこで生活する者が手に手を取り合って、足りないものを補い合い、協力し合い、下から地道に創り上げて行く再生の息吹を覚える街です。

2024年6月10日（月）

2023年度 第1回小高夏期自由大学現地事務局
日本基督教団 小高伝道所牧師　飯島　信

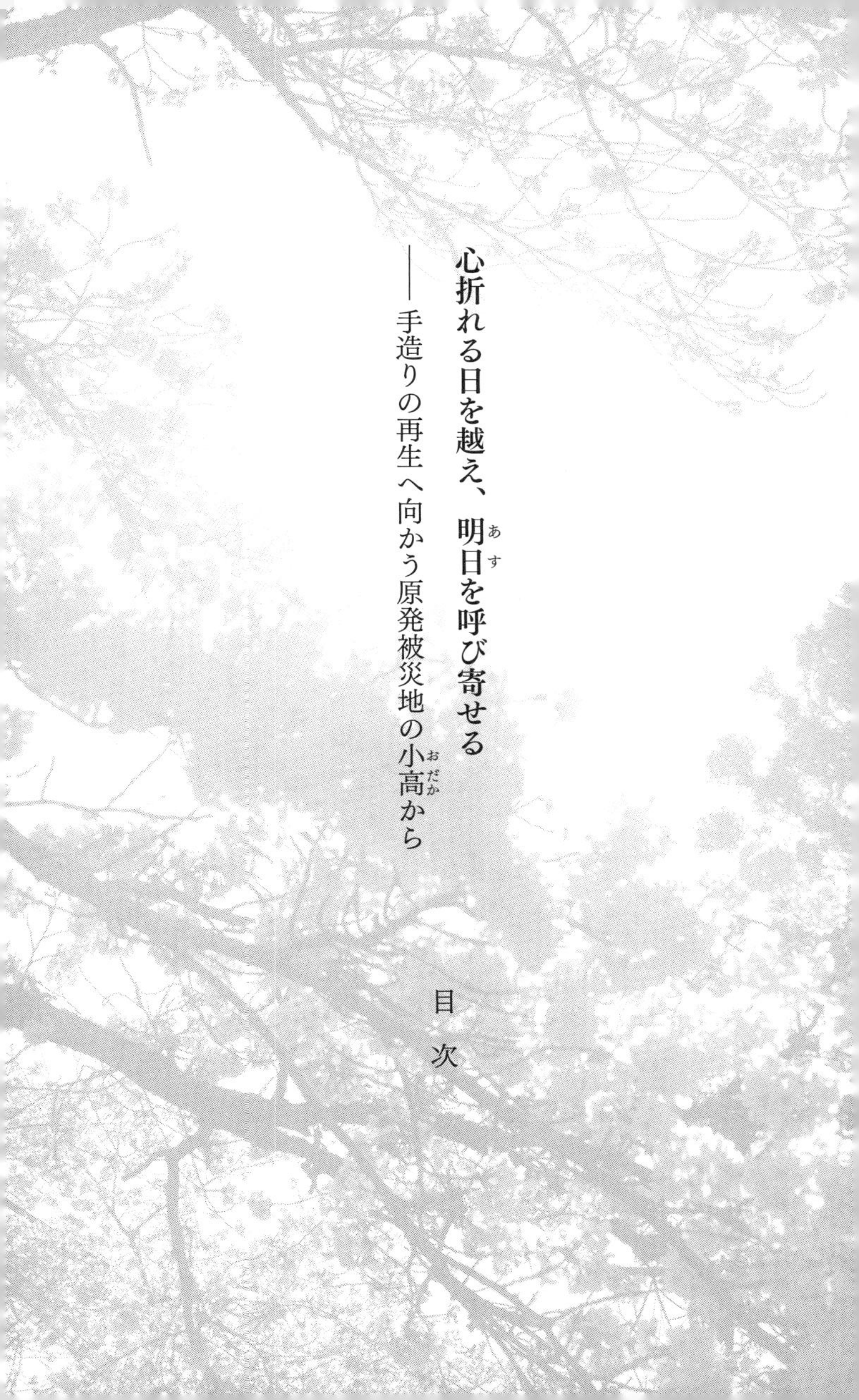

心折れる日を越え、明日《あす》を呼び寄せる

——手造りの再生へ向かう原発被災地の小高《おだか》から

目次

第三部　講演

私たちの現在地
——今、世界で、福島で問われていること　高橋 哲哉　147

資料編　191

第一部　パネルディスカッションI

「小高に戻り、考えたこと」

司会　萩原《はぎわら》 拓也《たくや》
　　　飯島《いいじま》 信《まこと》

パネラー　林《はやし》 勝典《かつのり》
　　　　　広畑《ひろはた》 裕子《ゆうこ》
　　　　　田中《たなか》 徳雲《とくうん》

萩原 拓也　名城大学理工学部建築学科准教授。工学（博士）。東京大学特任助教等を経て現職。専門は都市計画・復興計画。

林　勝典　福島県南相馬市小高区行政区長連合会長、同地域協議会会長、南相馬市社会福祉協議会副会長を歴任。現在小高区ふるさと農地復興組合副会長。

広畑 裕子　原発による避難指示解除となった翌年の2017年4月、唐辛子を地元の特産品にすることを目指して「小高工房」を設立。住民と共に製造・販売して現在に至る。

田中 徳雲　いわき市生まれ。高校在学中、出家得度。2001年より旧小高町（現南相馬市）同慶寺副住職を務め、食の大切さを感じ、半農半僧を志す。2008年より住職となる。

司　会　萩原拓也（名城大学 理工学部建築学科 准教授）
飯島　信（日本基督教団 小高伝道所 牧師）
パネラー　林　勝典（小高行政区長連合会 会長）
田中徳雲（同慶寺 住職）
広畑裕子（小高工房 店主）

震災による原発事故から避難の日々

林　勝典　私、小高行政区というところの区長を当時やっておりました。震災のときにはすぐ近所のおじいちゃんが朝亡くなりまして、そこの家に線香をあげに行ってて、お茶を一杯どうぞと言われて、お茶を飲んでいたら、グラグラときました。すぐ終わるのかなと思ったらそうではなくて、それから3回ですね、大きく揺れたのが。そのとき走った言葉が、おじいちゃんが布団から出てしまうから早く何とかしてくれよっていう話で、それがスタートです。

そんなことがありましてですね、集会所に行政区の人たちは避難してくださいと、そこで炊き出し等をやりますよっていうことで行政区の集会所に2泊しました。行政区の集会所に、3月12日夕方、行政から避難しなさいという指示が出まして、13日の午前に再度指示が出て、初めて避難を準備して、私の考えでは海沿いに避難していけば大丈夫だというのがありまして、とにかく北に向かうということで進めました。

鹿島で2泊、さらに相馬に1泊、そこに行った人数が21人です。一つの民家に21人で泊まりに行くってことは、寝る場所もなくなるぐらい、もういっぱいですけれども、そこでお世話になったことが温かいごはんとお風呂です。

林　勝典氏

そこで心が少しずつ治ってきたかなというふうに思っています。それから旧相馬女子高の避難所で1か月ほどいまして、それから飯坂温泉のホテルですね。皆さんから、良いところに行ったなと言われたんですけれど、面識のない夫婦2組4人が一室でした。全くプライバシーの配慮がなくて苦労したっていう記憶があります。

警戒区域解除後

2014年の4月に避難指示警戒区域が解除になりまして、一応行政区長だったたっていうことから、防犯パトロールをやる人を探してくださいって言われたんですけれど、人に頼むわけにもいかないしっていうことで、大体は行政区長さんたちで防犯パトロールを始めました。

その当時、パトロールしていくと、全く知らない人がうちの周りをウロウロしてるんですね。どなたさんですかって質問すると、いや親戚の方に荷物を取って来てって言われ頼まれたから来てるっていうので、ああそうなんですか、僕そこのところすぐ隣りなんですけどって言うと、みんな慌てて逃げて行ってしまうと、そんな状態だったんですね。

それから2015年になると、農地の保全をしなくちゃいけないっていうことから、草刈り事業を始めましょうということになりまして、草刈り事業が始まったんですが、ふつう、トラクターの作業状況はわかるわけですけれど、当時ものすごく草が伸びてました。今日はどこ刈ってんのって話を聞くと、どこどこの地区にいるよって言うんですが、そのトラクターは１００馬力もあるようなトラクターですが、姿が見えないんです。これ本当に刈ってるのかねっていうと、お昼頃になるとトラクターの姿が見えてくる。それぐらい草が伸びてひどい状況だったんです。それも毎年草を刈ることによって農地の保全が保たれているというふうに考えております。

小高の未来は

そういうことで、私は２０１９年の11月頃に小高に戻ったんですが、どういうふうに感じましたかって言われると、これから小高ってどうなるんだろうっていうのがまず初めて感じたことです。でも、何かをしなくちゃいけないよなっていうことから皆さんにいろいろと声かけをしたり、区長会でこういうことをしましょう、というような話し合いを持って取り組んではきたんですが、なかなか思うように至らない。交流センターができてやってますけれども、自分たちの希望とはちょっと違ったかなと、今はそう思っています。もうちょっと考えようがあったんではないかな、というふうに考えております。

そんなことで、もう震災から12年が経ったわけですけれども、未だにこれから先、小高の状況がどうなるんだろうと。3、800人までは戻ったんですが、それから先が全く増えてこないので、これで本当に終わってしまうのかなっていうのが非常に心配されております。

先ほど校長先生の方から子どもさんが少しずつ増えてますよ、というお話を聞いて、ものすごく嬉しい。去年ですね、来年の新入生は20人以上いるんだっていうことを聞いて、いやすごいねって言ったらやっぱりその効果は何かっていうと、小高認定こども園ができて、そこに通ってる子どもさんが多いんですね。そのおかげで、小学校の入学生も増えてきたということなので、その辺を今度またしっかり伸ばしていきたい。そういう中にあって今の小高っていうことになると、こうやって皆さんで今の小高の現状を知ってもらって、これから先どういうことができるんだってことが今日話し合えれば、私は非常に満足できるんじゃないかなというふうに感じています。

萩原拓也　林会長ありがとうございました。行政区長連合会会長として、震災が避難指示警戒区域解除後から継続的に活動を積み重ねてこられて、避難指示が解除されて以降、なかなか思うようにいかないことがありながらも、ここまで皆さんを巻き込みながら活動を行われてきたということがよくわかったかなと思います。また、後ほどのようなところがうまく行かないのかなというところをちょっとお聞かせいただければと思います。

では、続いて、広畑さん。ちょっと緊張されてますね。リラックスしてお話しください。お願いします。

萩原拓也氏

震災のファースト・コンタクト

広畑裕子　普通の家庭の主婦の話を聞いていただいて、聞きに来てくれた皆さん、私の話もちょっとだけ普通の人はこんなふうに思っているっていうか、広畑はこんなふうに思っているって聞いていただければ助かるなと思います。

私は大したことも何もないんだけど、避難した当時と、今何を思ってるかを話せばいいのかなというふうに思いました。私の震災のファースト・コンタクトは大熊町にいたんですね。そして、携帯電話がけたたましく鳴ったんです。ガーッて鳴って。「お前のって、いやお前だ」とかいう話がとんだら、その言葉が終わるか終わらないかのうちに、揺れ始めました。最初はパソコンを抑えたり、棚を押さえようかと思うけど、何もできないでそこにはいつくばるような、そんな時間がありました。

気がついたら、3時を過ぎていましたから、ずっと15分ぐらい揺れてたなと思います。そして、収まった。そして、「みんないるか！」って誰が声かけたのかわからないけど、外に出ようってなりました。

息子のことが頭をよぎる

それまでの私は、365日24時間、仕事人間だったんですよ。本当に朝一番にね、最初に子どもを保育所に置いてきた、そして最後に先生が玄関で子どもと手繋いで待ってるぐらい遅くまで預けて、そして夜中になっても電話が来たらすぐ飛んでいくような形でした。

だけど、3・11のあのときの3時ちょっと過ぎに私の頭をよぎったのは会社の次の仕事の段取りではなくて、その当時、小高工業高校に通っていた高校2年生の息子が、自転車で帰ってる時間だと思ったんです。午後2時半から3時半の間っていうのは、彼は学校の部活が終わって自転車をこいでるんじゃないかなと思ったんですね。彼は今どこにいるんだっていうことが頭にやってきました。仕事のことなんて何もやってきませんでした、家に？　どこにいる？　って。だからみんなは避難するって言ったんですけど、私は家に帰るって思いました。一目散に家に帰りたい、息子に会いたい、と思いました。

広畑裕子氏

だから、とりあえず原発の前を通って帰ればと。皆さん、請戸《うけど》小学校ってわかりますか？　そこに行く道は、まっすぐ北に延びているんです。その道に向かったんです。ところが、途中まで行ったらね、みんなそこに向かってんの。だから渋滞だったんですよ。車が動かない。その間に彼に電話をしたけれど、全然呼び出さないのね。電話繋がらないの。呼び出し音もなくて、何もない。これは駄目だと思いました。

片方は渋滞で、片方は全然車ないから、戻って今度は国道に行こうと思いました。国道に行こうと思って1キロぐらい行ったときに、橋のところが40センチぐらい割れてて、乗り越えられないんだよ。これも駄目だと思いました。もう1本、高速道路よりもさらに西側に山麓線って言われる道路があって、あれしかないと思いました。

だから、大熊町の陥没しているところをよけながら、山麓線まで行って、双葉までいったら高架を降りてきていて、またそこの田んぼのあぜ道を通って、もう1回山麓線に戻って浪江まで来て、浪江までその間もずっと彼に電話をかけたけど、全然呼び出さない。何をしているんだよ！　走りながら、車の中で、息子の名前を呼び続けました。

津波がやってきた

自分の家は、海から500メートルですから、もう一度国道に戻らなきゃいけないのです。だから浪江から国道に戻って、そして1キロぐらい走って海側を見たんですね。そしたらね、何か様子が変だな、と思いました。

なにか変だなと思ったけど、何が変なのか全然わからなかった。道が開けて、さらにそこから3キロぐらいでしょうかね。北にまた向かっていってガソリンスタンドまで来て、そこを右折しないと自分の家に行けないんだけど、そこまで来たとき、遠くからゆっくり津波がやってくるのが見えました。

まだ、さーって感じの津波の感じですよね。だから、何だろうと思っていたら、ガソリンスタンドの人が出てきて、危ないから行くなって大騒ぎになってました。危ないから行くなって言われても、この時間だと、彼は自転車に乗って、この津波のところを走ってるのって思いました。これ大丈夫かな？って。だから高台、高台を通っていけば、途中は高台の道だから、そこ行けば何とか家まで届くんじゃないかと思いました。そこを行きながら、神社の近くに行くことができたんです。そのときが3時46分ぐらいでした。

津波は3時42分ぐらいだったのじゃないかって、近くの人たちが言ってました。だからその時間って、津波がいろんなものを運んできて、すっと置いて、そして引き返した。その直後にそこに私は立っていました。２００メートル先に家はあるって思いました。とりあえず車をそこに置いて、もう走れそうもなかったので、そこを歩き出したんです。

歩きながらそこには、さっきまで生活していたような用品とか、家の軒とか、車とか、何だかよくわからないものをずっと置いていってました。

　そこをずっと歩きながら、これは無理だなと思いました。これは無理だ。車だって流されている。無理だって、２００メートルずっと電話出ないのは当たり前だなとか。そうやってずっと歩いて家の前まで来たときにはね、人間だったら手を差し伸べなきゃならないような状態なのかもしれないけど、私は何もできませんでした。ただそこで、手を合わせて、ごめんねっていう手を合わせるだけでした。そこで手を合わせて、ごめんねって。そのようなところを何回も通りながら、自宅の前に来たときはまだ水が残ってたんです。家のところはちょっと低いんでね、そこをシャバシャバ歩きながら、これは無理だって、なんか確信のような気持ちになりました。

　そして、海抜７メートルで津波が４メートルぐらいじゃないかなと、跡からすると思いました。そこを登って、無理だ、無理だと思いながら、海抜７メートルを上っていったんです。そしてもう無理だなと思って、自分の家の坂道を登り切って、家を見たとき、玄関が開いたのです。うちの子がすぐ出てきたのよ。「お母さん、おかえり」って言われました。どうして彼がいたのかもよくわからないまま、そこにうずくまってたら、彼はそのままスタスタスタスタって来ました。

そして私に向かって言ったんです。「お母さん、おかえり。悪いけど今すぐ戻って3、000円払ってきて」と。今、やっと私、家に着いたんです。そして、よかったとほっとしてたんですけどね。でも戻っていってと言うんです。よく話を聞いてみたら、彼は朝、学校に行くときに、自転車がパンクしちゃったんです。学校での講習か何かあったんでしょう。春休みだったので、講習に遅れて、その先生に怒られて、そして部活に行ったら、また部活に遅れていたから、また怒られて。うちの子どもは剣道部なんですね。だから練習も結構ひどいそうです。めちゃめちゃ先輩にやられたって言っていました。そしてお昼になってね、1時ぐらいになって終わったんで、剣道着を洗濯しようと思って、洗濯機の前に立ったら、先生が出てきて、「お前、何、たらたらやってんだ」って怒られてるんですね。

「今日は、洗濯は1年生に任せて、すぐ自転車直して帰れ！」って言われた。だからいつもは2時ごろ学校出るのに、1時に学校を出て、自転車屋さんに行って、自転車屋さんにすぐ直してもらって、帰り際に今日中に3、000円持ってくるって言ったそうです。だから、私の顔を見たとき、地震も怖かったけど、3、000円持って行くっていうのが頭にあった。すぐ、家に入って戻って行って3、000円を払うと、思っていたんです。

皆さん、考えてみてください。あのね、こうやって考えてみると、私が請戸小学校の前の道路を行っていれば、私は今いないですね。

そして3・11から一週間ぐらいに私にメールが6通ぐらい入ってて、「大丈夫?」の3文字だけでした。みんな私がもういないと思っていたんです。私は気が短いし、そういうことだから、そこを通らなかった。本当はそこの道を行きたかったの。

道が壊れているのも、遠回りするのも、自分の計画じゃないんだよね。彼も朝から自転車がパンクするや、先生に怒られるやで、1日は自分の計画通り行ったことは何もありませんでした。私たちがそんなことで1か月ぐらい過ぎたとき、2人で初めてほっとしました。次々次々、訃報が入ってくる、そういう毎日を過ごして1か月ぐらい過ぎたとき、「俺たち生きている」って思いました。

そして、そのとき思ったのは、その人たちの分まで立派には生きられないけれど、お互いを感じながら、毎日、お互いを感じるぐらいの距離感で生活しようと思いました。

明日に繋がるために

今から津波が起こるってわかっていれば、誰も海の方に行かないですよね。わからないんですよ、次の一分後のことは。何が起こるかわからないから、目の前に起こったことをきちっと少しでもそれを積み重ねて、私たち生きているんだから。これからもね、目の前に起こった自分にとってちょっとこれ嫌だなと思っても、何か、遠い先の、明日の、何かいいことに繋がっているんじゃないかっていうふうに、ちょっとだけ考えていけたらいいんじゃないかなと思いました。

私はこういうふうに話をすることはとても難しいことだけど、とりあえず頼まれたことは何かに繋がっているかもしれないと思って、とりあえず断らないっていうふうに思っています。だから、そこを大事にしていって、繋がる私たちはいろんなことに挑戦していくけど、結果が駄目ってわかっていたら、一歩足を出せないけれども、駄目かどうかわからないっていうのも素敵なことなんじゃないかなと思いました。

だから小高に住んでいて、何が不足ですかとか何がありますかとか、わからないのがいいんです。それで、新しい違う一歩が見えてきたら、それもまたいいことなんじゃないかなと思いましたね。そんなことで今、小高の中で普通に生活できているっていうことだけを信じて、それって素敵だなと思ってるんです。

今、小高の人口は3、800人を過ぎました。私、1週間ぐらい前にふと考えたことがあって、あれ？ 38人友達いるってことは、小高の中の1％の人と友達なんだ、と思いました。都市の100万人の1％と友達になるのは難しいんじゃないかなと思うんです。1万人友達がいる人はそれでいいと思いますけど、小高の1％の38人と私が繋がっているってなんか素敵じゃないですか。そんなことを思って今やっております。

萩原　本当に、私も含めて皆さん、引き込まれたお話だったなというふうに思います。
続いて田中さんです。よろしくお願いします。

震災の話はエネルギーがいる

田中徳雲《とくうん》　皆さんどうもありがとうございます。田中徳雲と申します。私は配布物をいくつか持ってきました。皆さんの椅子のところに、「海はすべての命のお母さんでしょ」っていうのから始まるプリントを60部持ってきたので、皆さんのところに行き渡っているかなと思うんですけど、2枚組の紙のホチキスで止めてあるものは、この**核汚染水**を知らないことを安全だということこそ、最も非科学的というふうな、これはソウル大学の先生のお話をウェブ上で見つけたので、昨日夜なべをしてまとめて作りました。

田中徳雲氏

それから、これはまだ配っていないんですけど、広畑さんが3月11日に戻ってお話をされたじゃないですか。これって、お話する方も聞く方もそうですけど、すごくエネルギーを使うんですよ。そこに戻ってお話するっていうのはすごく大変です。震災後、私たちはそれを何度もやってきました。でもちょっとおかしくなるぐらいやっぱり消耗するんですよ、エネルギーを。

それを見かねた私の友達が、「こんなことを毎日のようにやってるの？」って、震災後2年とか3年とか経った頃、毎日のようにいろんな人たちがこの話を聞きに来てくださって、こういうお話をさせていただいたわけなんですけれど、これ大変だなっていうことになって、インタビュー映像を撮ってくれて、まずこれを見てもらったらいいわっていうふうに作ってくれた映像があるんです。

でも、今日50枚ぐらい持ってきてその辺にあるんです。後でちょっとそういうのを見ていただいたり、その他にもＤＶＤで二枚組の映像を友達がまとめてくれたり、これは貴重なアメリカの先住民のリーダーが、お寺に来てくださって一緒にお祈りをしたり、その後お話をしてディスカッションをしている映像だとか、そのリーダーが日本のあちこちを旅していくドキュメンタリー映像、これはＤＶＤ二枚組なんですけど、それも持ってきています。

それから、今から5年ぐらい前に、この震災後に自分で考えていること、震災前の中に、私は元々小高の生まれじゃないもんですから、でも小高に来て、なぜ小高に惹かれて住むようになったか、そして小高でどういう生活を目指してやっていたか、そして震災が起きてそれがどう変わったか、自分も忘れてしまうので、書き留めた冊子がありま す。それも持ってきました。そこにあります。ですので、この話が終わってから、ちょっと休憩のときとかに、さっき言っていた本とかＤＶＤとか欲しいんだけどって言ってきていただければお渡しできます。

原発の危険性を学ぶ

時間が経つごとに、もう震災から12年。ですから、もうだいぶ過去のものになりつつありますので、たくさん持っていても仕方がないし、善意で作ってくれたものなので、これはこういう機会に興味を持っていただいている皆さんに見ていただくのが一番いいと思っていますので、ぜひ貰っていって、あと時間がある時に見たり読んだりしていただければなと思います。

ここから少しその当日のお話させていただきたいと思います。広田さんや林さんがおっしゃったように、やっぱりすごい揺れで、前の日にも震度４の地震がありました。その前の日にも、震度４の地震がありました。たまたまなんですけれど、福井県で永平寺というお寺で修業しているときに、山寺なので、物を大事にします。だからガラスをお掃除するときに、きつく絞った雑巾で、最初拭くんですけど、仕上げ磨きは古新聞でやるんですよ。古新聞だと布の糸くずがつかないから、非常に重宝するんですけれど、そうやっているときに、たまたま私が手に取った古新聞には、今後20年以内に、福島・宮城・岩手県沖あたりで大きな地震が来る確率っていうのは、95％以上だというふうに書いてあったんですね。

これは今から20年、30年前の話ですよ。大きい地震はやっぱり来るんだと思って、お掃除中、手を止めてその新聞を読んで、それがしばらく頭から離れなくてですね、難しいなって、今あるもので何か注意した方がいいものって何だろうっていうふうに考えたときに、**原発**だと思ったんですよね。

私が生まれたときに既に原発がありました。1F（福島第一原発）も2F（福島第二原発）もありましたので、でも原発の仕組みは知らなかったです。だから、知らないのはやっぱりどうにもならないので、自分でちゃんと仕組みを勉強しておこうと思って、勉強を始めました。たまたまですけど、震災の起こる前の7月、8月頃、1Fの3号機でプルサーマル計画っていうのがありまして、それをやるかやらないか、私も勉強してこうと思って、大熊町で行われた**プルサーマル計画**というのはどういうものなのかっていう勉強会にちょっと行ってこようと思って、行って話を聞いてきました。

いろんな専門家の人たちが来ていたんですけれど、アメリカから特に原発関連の裁判を多く経験された弁護士さんが来ていて、基調講演をされていました。私は素人質問で申し訳ないんですけれど、原発っていうのは何が危険なんですかっていうふうに質問したんです。

そしたら原子炉がね、そんなに問題ではないんだと。だけど、使用済みの燃料が入っているその使用済燃料プールが意外と脆弱でそれが問題だと、災害があったときに問題になるのはそこだろうというふうに、その弁護士さんがおっしゃっていました。

聞くと、本当に普通のプールに使用済みの燃料が入っているんですけれど、日本の場合は先ほど先生がおっしゃったように、再処理計画っていうのが進んでいないから、当初の計画よりもかなり密に使用済みの燃料棒が入っている。そこにホウ酸を入れて、再臨界を防いでいるところ、そのままではとてもじゃないけど、ほうっておけないような状態なんだ。だから、まだまだ熱い、使用済みの燃料プールの水の循環ができなくなって、使用済みの燃料プールが熱されて、熱されるとやがて蒸発して、水がなくなってしまって空焚き状態になると、再臨界になる危険性っていうのが非常に高いですね。それは注意しておかないといけないですね。予備で大体ディーゼル発電機っていうのがあるんだけど、ずっと使ってないから、大概役に立たない、と。アメリカでもそういうトラブルは何度もあって、何か小動物が発電機の中に巣を作っていたとかそういうトラブルがたくさんあって、それは注意しておかないといけないことなんですよっていうふうに言われて、そのときにそういうことなんだって仕組みが頭に入ったんですよね。

福島第一原発爆発からの避難

あの日、あの揺れを感じて、海の方に状況確認しに来たら、もう海から大体4キロぐらいまでは海になっていました。この辺も線路の向こう側までは海になって、これは大変なことになったなと思いました。私はよほど興味がある番組以外、テレビは見なくて、もうテレビってあんまり正確な情報が流れてこないって思っているので、新聞も同じかなと思っているんですけれど、情報源は、今はXとなった旧Twitter《ツイッター》でいい情報、自分と同じ方向性を向いている人たちのそのつぶやきっていうのがたまたま入ってきてて、アマチュア無線の非常に良い情報を流してくれている人がいました。

その人の午後3時過ぎぐらいのツイートで、地震と津波によって、福島第一原子力発電所の全電源が喪失していると、今、消防と自衛隊の無線でそういうことが言われていると、予備のディーゼル発電機も津波によって使用不可能になっていると、そういう情報が今、自分が無線を聞いていて流れてきましたっていう情報が、3時過ぎぐらいだったと思うんですよ。もうちょっと経ってたかな、3時半ぐらいかな。いやこれは大変だと、あのとき大熊町で聞いたその危機的状況、全電源が喪失したということは水の循環ができなくなっているっていうことですね。これは大変だと思って、避難をしなきゃと思いました。近くの人たちに、これ、状況はこういうことだよと、林さんにもお話しした記憶があるんですけれど、そのとき大丈夫だと、原発は大丈夫だと、そういう話もありました。

だけど、あんまりこの原発から近い距離で、大丈夫だとか大丈夫じゃないとかっていていう話をしても、ドカンとなってからでは、私はその頃、小さな子どもが3人いましたので、やっぱり子どもを守ってやれるのは親しかいないよな、でも地域にとっては古刹《こさつ》の住職ですから、簡単に避難するってこともできない。

どうしようかなと非常に悩みましたけど、身を引き裂かれる思いだったんですけれど、でもやっぱり子どもたちを守れるのは親しかいないからと思って、何もなければすぐに帰ってこようと思って、地域の人たちにもそういうふうに言って、その日の午後6時に避難を開始しました。

地震の発生当時は、福島市の飯坂町からお客さんが来てたので、そのお客さん、車がない人でしたから、車で送り届けるっていうのが第一の目標でした。でも、道もすごく渋滞していて、普通だと1時間半ぐらいなんですけれど、着いたときにはもう3時間以上かかって、やっと飯坂まで送り届けて、泊まっていってって言われたんですけれども、ちょっとした余震と、あと風が吹いて電線が揺れるだけで子どもたちがもう余震だと思って大泣きするんですよね。

車の中で怖くて、だからちょっと迷惑かけられないなと思って、車の中で十分ですって言って、そういうふうにしてたんです。けれど、その夜、たまたまあった飯坂のマクドナルドでしたけど、もしかしてここマクドナルドだから、Wi-Fi《ワイファイ》あるかなと思って車を近づけたらWi-Fiが使えたんですよね。これはラッキーだと思ってWi-Fiの電波をもらいながら、一晩中そのTwitterでフェイスブックっていうのもありましたけれど、フェイスブックは情報量が重すぎてうまくダウンロードできないんですよ。Twitterは軽くて、今はTwitterを私はやっていないですけれど、その当時は私の情報源はTwitterだったんですよ。

それで一晩中情報を確認しながら、その大熊町で知り合った原発に詳しい人たちが皆、会津の片岡謁也《えつや》牧師の日本基督教団 若松栄町教会を目指してました。だから私もこういうときは、ああいう人たちと行動をともにすると情報がすぐに入ってくるから、私が知らないことをみんな知ってるし、これはもうそこに行くしかないと思って若松栄町教会を目指して、一晩中、この土湯峠《つちゆこうげ》っていう、峠道を走って会津に着いたのが午後9時半とか10時ごろ、牧師さん夫妻に「いいよ、ゆっくりしていきな」って言っていただいて、ちょっと不時着したんですよね。

そこでゆっくりしていたいなと思っていたんですけど、もうテレビでは原発が今にも爆発しそうだ、いや大丈夫なんじゃないかみたいな状況でした。夕飯を作るのに、買い物でも行きましょうかなんていう話をしてるときに、奥さんから「いや、ちょっとテレビ見たら」っていうふうに言われて一緒にテレビを見ていたら、あの爆発した映像だったんですよね。これは会津でも100km《キロ》ちょっとだからもう少しいい距離を稼ぎたいです、っていうふうにお話をさせてもらいました。それで、あてもなく、西の方に向かったんですよ。なぜ西に逃げたかっていうと偏西風に守ってもらいたかったからです。

風がどうしてもこっちに吹いてくる。その逆に、向かっていくっていうのが、広島とか長崎の被爆を経験した人たちのサバイバーたちが言っていたことで、山の向こうに、そして風の向こうになんですよね。それがたまたま頭にあったから、そういう行動をとった。

そういう話はそのDVDに25分ぐらいにうまくまとめられているので、あと興味のある人は見ていただいたらと思います。それから、私は結局、その後、15日の朝に福井県にたどり着きました。福井県に子どもたちを置いて、一回小高の状況が気になってしょうがなかったので、こっちに戻ってきました。

こっちに戻ってくる車なんていうのは特殊車両ばっかりです。警察とか消防、自衛隊で、一般車両はほとんどない。そこをガソリンがないんだと私の両親とも連絡を取っていたんですけれど、ガソリンがなくて、もう力尽きたというふうに言われて、ガソリン持ってかなきゃと思って、借りたハイエースに満載して、あちこちで停車している車にガソリンがなくて動けないのっていうことを聞きながら、10リッターずつ入れさせてもらったりして、こっちに戻ってきて、活動を開始したんです。

こっちで活動して、いつか子どもたちのところに戻るっていうのを最初目指していたんですけれど、だんだんやっぱりこっちはもう、言葉悪いですけど、地獄絵巻そのものなんですよ。福井県に行くと爆発事故前の福島みたいな世界がまだ残っているわけですよ。

福井県というのは西の原発銀座ですから、こっちの福島は東の原発銀座でしたけれども、例えばbefore《ビフォアー》の世界とafter《アフタアー》の世界と両方見ているんだろうなと思いながら、複雑な心境でいたんですけど、でもやっぱり平和なところにはなかなか帰っていけなくてですね。こっちが大変な状況なので、それで、2年間子どもたちは福井県にお世話になったんですけれど、私と妻の実家があるいわき市に10年前からお世話になって、今もそのまま家族は避難生活を続けている状況なんですけれど、そういう人たちが少なくないですよ。

離れた生活の現実

今はもう3、800人の人口っていうふうに言われていますけれど、まだ私のように、小高にいる時間がすごく多いけれど、仙台にも家があって、時々仙台に帰ってるよとか、いわきにも時々行ってるよとか、家族はまだ、あるいは息子たちはまだ仙台にいるんだとかそういう人たちも非常に少なくない。

これは大変です。何が大変かっていうと物理的にも精神的にも大変ですよ。私の場合は、お檀家さんたちもそういう状況なので、亡くなった知らせを受けたり、あるいは法事をするにしても、まず今までだったら震災前だったら、みんな小高でやっていた法事や葬儀が、まず電話を受けたときに、法事はどこでやりますかって聞かないといけない。

仙台でやりたいとか、福島市でやりたいとか、いわきでやりたいとか、お寺を借りてやりたいとか、いろいろです。だから、今でこそ落ち着きましたけど、今でも私、大体ひと月に7000㎞ぐらい走るんですよ、車で。

震災後、走った走行距離っていうのは75万㎞以上ですよ。車4台、新車で買えないですよ、馬鹿馬鹿しくて、3年で乗り潰しちゃいます。3年で10万㎞を超えますから、そういうような状況です。郵便物も2か所に届きます。小高にも届くし、いわきにも届くし、これもなかなか大変ですよ。下手すると2週間ぐらい、いわきの家には帰らないことがあります。7月、8月なんかは野馬追もあったり、お盆もあったりして忙しいので、40日ぐらいは家には帰りませんでした。

そして帰ると、もう賞味期限切れみたいな郵便物ですよね、みんなね。急な郵便物はもう家族に開封していいから写真撮って送ってって、言うしかないんですよ。そういうことにも少しずつ慣れてきてますけれど、なかなか大変な現状があります。

私は一所懸命ケアしてるつもりですけど、子どもたちにもなかなか手が届いてないなと思うし、仲のいいときはいいんですよ。だけど、何かが原因で家族内の不平不満が勃発すると、いろいろ出てきます。「もうずっとお寺にいたらいいじゃん」とか平気で言われますよね。「たまに帰ってきてそんなこと言われたらたまらないわ」とか、娘たちは言いますよ。こっちの気持ちもわかんないでとか、いや言わしてもらえば私の気持ちもわかんないですけれど、ぐっと飲み込みます。それを言っちゃお仕舞いだとなっちゃうから。

でも、これは原発が元々の原因ですよ。だけど、12年もたてば、それは田中家の問題でしょってなってしまいます。根本的な原因は**3月11日**、原発の爆発事故による長期避難なんですけれど、だけど長く時間が経つと個人の問題になってしまうっていうことで、それの区別がつかないっていうことでした。

区別はつかないんですよ。時間の経過とともに、そこを生きてますから、これがなかなか苦しいです。個人の問題なんだから、もうみんなここに生きてる人たちはわかってくれてますけれど、でもそれを遠方から来た人たちに理解してもらうのはなかなか難しいのかなと思います。

根っこは全部繋がっている

それから、この12年を振り返ってなんですけど、最初、避難生活が始まったとき、これは大変だぞと思いましたけど、大変だけど、日本全体がこれで変われるんだったら、この自分は犠牲になっても、しょうがないなと思いました。そのくらい大きな変化のときだと思ったからですね。期待しました。これだけのことが起こったのだから変わるだろうと。だけど結果、変わらなかった。

変わろうとした部分もあったし変わった部分もありましたけど、大きな国の流れとしては、まだまだ変われていない。そこが非常に苦しいところですよ。失望しているところもあるし、絶望しているところもあるし、だけど、そうも言ってられないから、目の前の自分の生活、自分にとって今何が一番大切かっていうのを常に自問自答しながら、生き方を見つめるということをしています。

これはやっぱり一人一人の問題だと思うんですよ。この地域の問題だし、そして日本の問題だし、そしてまた世界の問題でもある。どの国もみんな行き詰まっているはずなんですよ。問題をちゃんと正面から捉えているか捉えてないか、見て見ぬふりをしているのかどうかっていう差はあっても。でも逃げられない。

私が福島から福井に行って思った。逃げられない。原発とちゃんと向き合えってことだと思って、ここ10年、ここで生活してきて思ったのはやっぱり原発の問題だけじゃない。戦争の問題も食料の問題も、エネルギーの問題も温暖化の問題も根っこはみんな一つ、全部繋がってる。心の問題だと思いました。

さっきお話にもありました**トリチウム**のこの汚染水の問題。六ケ所村の再処理工場が2006年に試験稼働して、大量の廃水を流して、そして今回また福島のこの汚染水を流した。これを機にちゃんとトリチウムのことを話し合うことが大切なんだと思います。それがチャンスなんだと思いますが、今もう流してますけど、でもこれを機にちゃんとこの太平洋諸国の人たちと、あるいは近隣の国々の人たちとか関係してない人はいないですから、水を汚してはいけないんですよ。私たちの体も水なんですよ。**地球は水の惑星**なんですよ。

海に捨てれば解決と思ってきたんですよ。人々は山に捨てて海に捨てて、目の前からなくなれば解決だって思ってきたんです。だけど、海はもう十分に弱ってます。山も同じ。だから気候がこんなに5月から30度を越えて、9月になっても30度を超えて、地球がこんなに悲鳴をあげてるのに、まだわからないのかって。確かに科学的に言えば、体が吸収したものは排泄されて流れて出るっていうふうに言う科学者もいます。だけど、生物学的に、特に生態系に放射能がどういう影響を与えるかっていうことを先生たちが言ってるのは甘く見ない方がいいってことですね。

これを体の組織が水と間違えて取り入れてしまったときに、DNAとRNA、それから体が必要とするタンパク質を徹底的に壊していくっていうことをちゃんと言っています。それを大丈夫だっていうのは、あまりにも非科学的で、百歩譲って言っても「分からない」っていうのが、優しい言い方だと思います。

例えば、300人以上の子どもたちが小児甲状腺がんを発症しています。100万人に1人と言われる病気を福島県内だけで300人いる。もっといる、潜在的には。それは国がカルテを持ってる人が300人ですよ。私の知ってる原町区に住んでる人は、親子で甲状腺ガンを発症しているけれど、国のモルモットにされるのが嫌だから、自分たちは福島県立医大での検査は受けないと言っています。そういう人を何人も知っています。

萩原　田中さん、ありがとうございました。御三方の立場から、被災直後から現在に至るまでの非常にリアリティを持った、多様なお話を伺うことができました。災害からの再生において、政府や社会全体が描く大文字の大きな物語と、それぞれの個人や地域が経験した多様な物語の間にどのような乖離や相互関係があるかを理解して行く必要があると改めて感じました。

改めて、お話しいただいた御三方、ありがとうございました。

第二部　パネルディスカッションⅡ

「小高の再生を語る」

司　会　瀬下《せしも》智美《ともみ》

パネラー　和田《わだ》智行《ともゆき》
西山《にしやま》里佳《りか》
蒔田《まきた》志保《しほ》
益邑《ますむら》明伸《あきのぶ》

瀬下 智美　旧小高町生まれ。震災時は札幌に居住。2016 年 7 月避難区域解除に合わせ帰還。鈴木安蔵生家管理人。

和田 智行　南相馬市小高区（旧小高町）生まれ。避難生活を送りながら避難指示区域となった地域に 20 以上の事業を創出。

西山 里佳　富岡町生まれ。2018 年に起業型地域おこし協力隊として東京から移住。デザイン事務所を営む。市内外から小高に人が集うマルシェ「小高つながる市」の企画・運営。

蒔田 志保　1993 年、愛知県生まれ。2013 年冬に学習支援活動がきっかけで南相馬市へ。そこで出会った地元出身男性と結婚し、2018 年に南相馬市へ移住。出産を機にフリーランスのライターへ転身。2024 年より記録家としても活動。

益邑 明伸　2014 年から大学研究室として小高での復興まちづくりの支援や調査等を行っている。2021 年より東京都立大学助教。

司　会　**瀬下 智美**（ヨガ・太極拳 インストラクター）
パネラー　**和田 智行**（株式会社小高ワーカーズベース 代表取締役）
西山 里佳（Ｍａｒｕｔｔ株式会社 代表取締役）
蒔田 志保（記録家・ライター）
益邑 明伸（東京都立大学 助教）

瀬下智美　「小高の再生を語る」これは、飯島さんからいただいたタイトルです。実は、司会を依頼されてすぐの時には、タイトルについて深く考えていませんでした。震災の後からずっと私は、〝**再生**〟という言葉の前に壁を隔てて、無視していました。直截《ちょくせつ》的すぎて。再生という言葉が出るのは、瀕死《ひんし》だからということになります。２０１１年から私は、故郷が〝瀕死の状態〟って思いたくなかった。参加者の皆さんに配布した資料の中に、ＱＲコードの紙が入っています。これを読み取ると「東日本大震災記録誌」という、南相馬市から出しているオフィシャルな記録をＰＤＦで読むことができます。全体的な事はこちらの記録誌でご確認ください。（https://sitereports.nabunken.go.jp/ja/99935）

今日の登壇者の皆さんには、そのオフィシャル以外の、個人個人で経験してこられた、再生という言葉でまとめてしまうとすくい上げきれない、すくい落ちてしまうようなところをお話しいただけたらと思います。難しいことをお願いして、20分や30分ぐらいでは語り尽くせないですが、本当にこの雰囲気というか、伝わりにくいことを、参加してくださった皆さんが、何か感じ取っていただけたらいいなと思っております。

今日のお話の順番ですが、和田さん、西山さん、蒔田さん、益邑さんでお話し願います。では和田さん、よろしくお願いします。

瀬下智美氏

小高にUターンして

和田智行　改めまして、小高ワーカーズベースの和田と申します。スライドを使わせていただきながら、僕が何者で、何を目指して、どんなことをやっているのかと、そんなことを少しご紹介させていただきます。

まず自己紹介ですが、私は皆さんと一緒にここ小高で生まれ育ちました。元々はシステムエンジニアをやっていまして、大学入学のタイミングで、東京に行きました。卒業後、東京のＩＴベンチャーに就職して、５年間で２つの会社に勤めた後、仲間と一緒に起業しました。

起業したのは東京なんですけども、同時に小高にＵターンしまして、今でいうリモートワークを２００５年からやってました。なので、東京の会社のＩＴの仕事を小高の自宅でやってました。そんな感じで生活していたんですが、震災と原発事故が起きて、自宅も小高にあるもんですから避難を余儀なくされまして、最初１年間で５か所も避難先を転々としました。最終的には、１年後に会津若松に避難先を落ち着かせたというわけなんですが、仕事自体は会社も東京にあって、ＩＴの仕事なので震災の影響はそんなに受けてなかったし、そもそもリモートワークしていたので、どこに避難しようが、仕事を続けることはできたんですけども、だんだんと自分たちがやっている事業に対してのモチベーションを保つのが難しくなっていきました。

というのも、僕は当時どんな事業やっていたかというと、スマホのゲームを作ったり、あるいはオンラインで、婚約指輪とか結婚指輪といったブライダルジュエリーを販売するサイトを運営していたんですが、当時の自分の最大の関心事は何だったかというと、当然いつ家に帰れるのかとか、帰ったところで生活できるのかとか、そういったところにあったわけですけども、いくらその僕らのスマホゲームで何か課金してもらってお金を稼いだところで、自分の最大の課題の解決にやっぱり1㎜《ミリ》も近づいていかないわけですよね。

そうなってくると、やっている事業の意味みたいなのがわからなくなってしまいまして、2つの会社の役員を、無理を言って辞めさせてもらいました。2014年に今の会社を創業しまして、今現在、家族共々、小高で生活しています。なので、こういった上の写真は銀座のオフィスに今もあるんですけども、いわゆるキラキラのスタートアップみたいなところから、まだ人が住めない小高で2014年に創業しています。

和田智行氏

高齢化・過疎化の流れの中で

これは震災の後の9月か10月ぐらいに一時帰宅したときの写真（次頁）なんですけれど、うちは織物業を家業として90年ぐらいやっていまして、もう廃業したんですけども、その工場がこうやって地震で倒壊したまま何年も放置されていたりとか、左側の妹の家、うちのすぐ自宅の道路を挟んで反対側に妹の家があったんですけども、こうやってあっという間に雑草に覆いつくされてしまったと——甥っ子の三輪車なんかも、当時遊んでたやつですけども、こんなふうに家に放置されたまま雑草に飲み尽くされていくと、そんなような状況でした。

今現在この辺のデータは、さっき瀬下さんからご紹介いただいたものを見ていただければと思うんですけど、今3、800人ぐらいの人が住んでいて、元の人口の3分の1ぐらいですが、高齢化率が49・7%、ほぼ50%が高齢者というような状況で、ご覧の通り子どもは非常に少なくなっています。うちの子どもは中学生、高校生になりましたけども、小高に戻ってきたときは小学生だったわけなんですが、1学年10人前後、多くても

15、6人とそんなような状況で、解除はしたんですけど、結局ただの少子高齢化の街になっちゃったに過ぎない。これって避難指示を解除しようがしまいが、いずれ消滅するとそういうシナリオに変わりないんじゃないかとそんな声も上がってくるわけですよね。

双葉郡と違ってですね、南相馬市の一部ですから、経済的な合理性とかそういったことを考えると、むしろ原町《はらまち》とかそっちの方に集約していって、その後、何かに使う分の税金とか、人手とかそういったものは、もうどうせ人口が全体的に減ってきますから集約した方がいいんじゃないかと、そんなふうな声も一時上がってきてしまうぐらい、つまり見捨てられてもしょうがないような状況だったわけなんですけども、でもそんな状況にこそ僕らはいろんな可能性が埋まっているというふうに感じてここで事業をやっています。

全壊したままの工場と
雑草に覆われた自宅

１００の課題から１００のビジネスの創出

僕らがやっていることを、ここからご紹介しますが、まずミッションとしているのは、地域の１００の課題から１００のビジネスを創出するということです。確かに小高には課題がたくさんあります。しかも〝**原子力災害**〟によってもたらされた課題というのは誰も経験したことがないわけですよね。

経験したことがないっていうことは、そういった課題を解決した事例も前例もないわけですけれども、そういう難しい課題が目の前に山積みになってしまうと、大体の人はどうなるかっていうと、簡単に言うと思考停止するんですよね。この状況に対して、もう何をしたらいいかわからんと。あるいはちょっと賢い人だとですね、これはもう経済的な合理性を考えたら、さっき言ったみたいに、ここで使う分の税金を他に回した方が全体としてはいいんじゃないかと、そっちの方が効果としては有効なんじゃないかと、そういうふうに考えてしまいがちなんですが、でも課題っていうのは、裏を返せばすべてビジネスのためになりうるわけですよね。

今、我々はここでこうしていますけれども、ここにあるすべてのものは、どこかで誰かが何か困っていて、それを解決するための手段として生み出されたもののはずなんですよ。なので、課題はすべてビジネスになりうるわけですよね。さらに言えば、ここにしかない課題があるというのであれば、ここからしか生み出せないビジネスを生み出せる可能性だってあるわけなんですよ。なので、仮にここに課題が100あるとするならば、それを解決するビジネスも100作ればいいじゃないかとそういうふうに考えています。

創業当時のコワーキングスペース

ワークスペース作りから

具体的にどんなことをしてきたかというところなんですが、まずは誰もまだ居住できなかった街にコワーキングスペースといって会員になっていただければ自由に使える仕事等のスペースっていうものを始めました。

食堂「おだかのひるごはん」

これは、当時はこうやってパソコン開いて電源取るどころか、屋根の下に座って、少し作業できるようなスペースすらなかったので、そんな環境で何か始めようってってもなかなか始まらないので、まずは物理的なワークスペースを作るというところからスタートしました。

当時は本当にまだ街灯も消えていてですね、当然家の明かりも何もないわけですから、夜になると、特にこの時期は虫が、僕らのところしか明かりがついていませんから、ばあっとそこの明かりにめがけてたくさん来たのは本当に覚えていますけども、そんな状況で真っ暗な街にまず明かりを一つつけるというところからスタートしました。

それからお店が1軒もなかったんで、地元のお母さんたちと一緒に、その双葉食堂さんをお借りして、「**おだかのひるごはん**」という食堂を始めたり、あとはスーパーとかコンビニがないと帰れないよと、そういう声がたくさんあったのを受けて、南相馬市からの委託を受けまして、駅前に**東町エンガワ商店**という仮設のスーパーをさせていただいていました。

仮設スーパー「東町エンガワ商店」

こうやっていると、他の事業者さんもこの街で商売できないと諦めていた人たちも、だんだん時間も経ってきたっていうこともあって、少し頑張ってみようということでポツポツとお店が再開されたりしてきたわけですね。そうすると何となくいずれ何年後かに避難指示解除されても、最低限の生活ができそうだなとそんなふうにみんな思えるようになってきたんですけれども、一方で家に帰ってくるのは年配の方ばかりで、若者たちは帰ってこないよねと、そういう諦めの気持ちも根強くあったわけなんです。

確かに放射性物質とかそういった健康被害に対する心

配みたいなのはもちろんあったりしても、それ以上に若者が戻ってこない理由というのは、やっぱりもう震災から3年も4年も経っていると、避難先が新しい日常になってしまっているっていうことですね。当然新しい仕事に就いて、子どもたちは新しい学校に通って、新しい友達ができて、部活でレギュラーになったりすると、仮に親がそろそろ帰りたいなと思ったところで子どもたちは転校したくないと、そもそもそこに至るまでに何回も転校していますからね。子どもたちも、親としてはもうそろそろ安定して生活したいと、そういうふうになってるわけですよね。だから、だいたい子育て世代の人たちというのは、戻りたいと思っていても、子どもが高校出てからかなと、そんなふうにみんな言っていたわけですよね。

ハンドメイドのガラス工房

そういう意味で、なかなかもう若い人は帰ってこないよねと、みんな諦めの気持ちがあったわけですよね。でも確かに若者にとっては帰還っていうか、再移住ですよね。もうこうなってくると、なかなかハードルが高い。

でも通勤ぐらいの動きだったら作り出せるんじゃないかなと思ったわけです。なので、若者にとって魅力的な仕事を何かやってみたいなとか、あるいはこの職場で働きたいなとか、そういう場所を作ることによって通勤ぐらいの動きを生み出そうと思って始めたのが、ハンドメイドのガラス工房ですね。アトリエiriser《イリゼ》と言います。

ガラス工房「アトリエ iriser イリゼ」
作業風景

ここで若者と一口に言っても広いですから、僕らが対象にしたのは、子育て中のお母さんたちです。なんでかというと、当然、帰還するかどうか、家庭の中で誰が決めるっていうとやっぱり女性だからですね。だから特に役場の人たちなんかは震災前からずっと残って、ある意味、単身赴任みたいな形で働いているお父さんたちはたくさんいるわけですよね。なので、お母さんたちが何か子育てしながらでもこの仕事やってみたいなとか、あるいは子育てしながらでもこれがこの職場だったら働きやすそうだなとそういうものを作ってみようと思ったわけです。

なんで**ガラス工房**なのかというと、3つ理由があって、1つは手に職がつくっていうことですね。つまり職人の仕事なんで、やればどんどん上達していくわけですよ。そうすると、自分はこのペースで働けば何年後にこのぐらいのものが作れるようになって、結果このぐらいの収入が得られるようになるみたいな、ある程度目標を持って働けるっていうところがやりがいに繋がるんじゃないかなっていうのが1つ。

2つ目は物作りなんで、僕は時間をそんなに管理しなくていいんですよね。つまり、何時に出社して、何時に帰ろうが、頼んだものを頼んだ期日までに作ってもらえばいいわけですよ。だから子どもたちが熱出しましたってなって、急に休まなきゃいけないってなったときに、何時から何時までその職場にいなきゃいけない仕事だと休みにくかったり、あるいはその代わりを探さなければいけなかったり、そう考えると働くのをやめようかなってそうなっちゃうんですけども、ここは別に子どもが熱を出した場合でも別に休めばいいいし、その分は他に自分がやりくりできる時間を使って、働けばいいわけですよね。

あるいは逆に、私はもう早く職人としてもどんどん先に行きたいという人であれば、別に週5日とか、そんな常識にこだわらずに週6でも毎日でも来てやればいいわけですよね。そういうわけで自分のライフスタイルがどうなりたいのかとか、そういう家庭の事情とか、それに合わせて自由に働けるそういう仕事にできるんじゃないかなということです。3つ目は、単純に可愛くておしゃれなものを作るんで、若い女性が好きかなというところですね。

実際、これを始めて8年になるんですけども、こんな素敵なアクセサリーを皆さん作れるようになりました。最初は、そうやって地元の主婦の皆さんに全くのゼロから技術を身につけてもらうということでスタートしたんですけども、ここ数年はですね、ガラスの専門学校とか、美術大学でガラスを専攻してきた人とか、そういった子たちを新卒で採用するようにもなってきました。彼女たちは別に福島の復興のためとか、何かに貢献したいとかそういう気持ちじゃなくて、本当に単純に職人になりたいからここで働きたいですと言って移住して、この工房で働くようになりました。中には台湾から移住してきた子もいます。

予測不能な未来を楽しもう

あとはここまでやって、当然1社で１００の事業を作るのは大変ですよね。ということで、南相馬市から調整していただいて**地域おこし協力隊**という制度を活用させてもらって、起業家を呼んできて、ここでその創業をサポートするということをやらせていただいています。

Next《ネクスト》 Commons《コモンズ》 Lab《ラボ》 南相馬ってちょっと長いんですけれども、そういうことやっていまして、なかなか南相馬や小高で起業しましょうと言っても、一体どんな事業ができるんだっていうことがあるんで、我々の方で事業のためにですね、地域の課題とか資源とか、そういうものを基にこの地域にこういう事業があったらいいんじゃないかとか、こういう地域でもこういう形だったら商売成り立つんじゃないかとかそういうものを僕らの方でざっくりと用意しておいて、それに対して私がこれをやりたいですと手を挙げてもらって、起業してもらうという、そんなような仕組みになっているんです。それでこれまで16人が移住して今7人が起業しているというような状況です。里佳さんもその1人ですね。その中でこういった小高に来て起業するという人って、ある意味非常に珍しいというか、ちょっと変わった思考を持っている人たちになってくるんですけども、そんな人たちで共有してるコンセプトがこの「**予測不能な未来を楽しもう**」ってことですね。

今の時代、本当に先行きが見通しにくくなってきています。例えば、ウクライナの戦争もそうですけれども、それによって世界中の物価が高騰してですね、結果、エネルギーも高騰して、そしたら原発事故によって一時は依存度を減らしていくはずだった原発がまた推進の動きに180度変わってみたいなことになるなんて、2年前、3年前に予測していた人がいるかっていうと、いないと思うんですよね。

あるいは、この間も、南相馬も大変な洪水がありまし

Next Commons Lab 南相馬

たけれども、毎日のように日本中でこの時期水害が起きて、それももう何十年に一度みたいな災害で、それによって多くの人が家財を失ったり、本当に場合によっては命を失ったり、そういうことがもう毎日起きているわけですよね。

つまり、もういつどこで誰が被災者になるのかそんなことを予測できる人なんていないわけですよ。あるいはもうテクノロジーがどんどん進歩しています。特に最近だと生成ＡＩが出たことによって多くの人がＡＩを身近に使うようになりました。テクノロジーって使う人が増えるとどうなるかっていうと、進歩がどんどんまた加速するわけですよ。

そうすると今の時点で予測していた未来っていうものが、もう明日には変わっているとそういうことって十分ありうるわけですよね。だから未来っていうワードに対して、世の中の人って明るい未来を思い描いているというよりは漠然とした不安を抱えながら日々生きている、そういう人の方が世の中多いんじゃないかなと思っています。

でも残念ながら、未来はそういうわけで予測できないですし、どんなに完璧に予測してそれに沿った人生計画を作ったところで、その計画通り人生を歩める人なんて、もはやいないわけですよね。でも、予測できないということは、裏を返せば我々が想像もできないような可能性の方がたくさん埋まっているとそういうふうにも考えられるわけですよね。

例えば僕はエンジニアだったんで、iPhone《アイフォン》が出たときですね。iPhone買って、どんなもんなんだろうかと思い、買ってアプリを作ってみようと思って、いろいろいじったんですけれども、その当時、iPhoneに対する世の中の評価はどうだったかというと、こんなものって誰が使うんだと、パソコンで十分じゃないかと思っていたのです。

こんな小さな画面でそんなメールを打ったりとかする奴いないよ、と大体そういう世の中の反応だったわけですよね。でもどうでしょう。それから13、4年経ってですね、スマホ持ってない人はほとんどいないわけですよね。日本においては、それどころかこれでもう買い物もできるし、電車に乗って移動したりもできるわけですよね。そんな未来、その十数年前に予測した人ってもしかするとスティーブジョブスは予想していたかもしれないですけれども、大抵の人がそういった否定的な反応だったたっていうことを考えると、予測してなかったわけですよ。

そういうことが起こるので、ここで作っていく事業も、何か未来を予測して、それにはまる事業を作ろうっていうんじゃなくて、欲しい未来を自由に発想して、それを実現できる可能性って必ず未来にあると思っているんで、それをブレずに追い求めて実現していきましょう、とそういう考え方に共感していただける起業家を採用させてもらっています。

その起業家の拠点となっているのが、歩いて3分ぐらいのところにあるんですけれども、**小高パイオニアヴィレッジ**という宿泊できるコワーキングスペースがあります。こんな感じですけれども、会員数も260人ぐらいいまして、地元の起業家からフリーランスの人、それから毎週のように東京からリモートワークが普及したことによって、東京から通ってくるような人がいたりします。

今の時期は夏休みなので、学生もたくさん利用します。ここで登記している企業も、例えば皆さんご存知かなと思うんですけれども、あの街中を馬で散歩している事業をやっている人のように地元の企業もあれば、何億円の資金調達をして宇宙ビジネスに取り組んでいるスタートアップみたいなそういった人たちまで本当に多様な人たちが利用しています。

ワークスペースっていうだけじゃなくて、やっぱり**コミュニティの拠点**でもあるので、こんなふうにいろんなイベントもやったりとかですね、普通にお酒を飲んだり、皆でご飯作って食べたりとか、そういったこともやっています。

小高パイオニアヴィレッジ日常風景

そんなわけで、他にもいろいろあるんですけれども、これまで作ってきた事業っていうのは22になりました。１００まではまだあるんですけども、原発の廃炉が終わる頃には１００作れるんじゃないかなというふうに思っています。

自立した地域に

１００の事業を作るというのは一つの手段ですよね。１００作って何がしたいのというところなんですが、最終的にこの地域を自立した地域にしたいと思っています。

小高に限らず、地方はいろんな課題があるわけですけれども、それをどうやって解決するのかとしたときに、大体取る手段というのは、企業誘致とか商業施設誘致とかそういうことになってきます。

別にそれはいいことなんで、僕もどんどんやったらいいんじゃないかなと思うんですけれども、問題なのは、確かにそれによって、その企業が雇用とか経済とか地域の活性化みたいなそういった課題をある程度解決してしまうが故にですね、地元の人たちがそういう難しい課題を解決するのは行政とかそれによって、誘致されてきた企業が取り組むべきことであって、私たちが取り組むべきことではないとそんなふうに勘違いしてしまうことです。

ここに一番の問題があると思っています。企業だって何しにわざわざ地方に来るかって言ったら、別にボランティアに来ているわけじゃないですよね。ちゃんと経済的なメリットがあるから地方に来るわけですよ。でも、未来は予測不能ですからね。今回の震災もそうですけども、何か起きたときにもうこの地域でやっていたら採算合わないとなったらですね、そこで働いている人たちの意思とは関係なく、東京の本社のたった数人の部長とか役員とか、そういった数人の意思決定によって簡単に撤退するわけですよ。

そうしたら、企業が解決していた課題が再び地域に噴出してきますよね。次、これ誰が解決するんだとなったときに、地元の人たちがそれまで何もしてこなければ、そんないきなり課題解決なんてできないわけですよ。だからこの人たちがやることと言えば、例えば議員さんをつかまえて企業誘致頑張れよみたいな、そんな陳情することしかできないわけですよね。

もう社会は縮小していますから、一旦撤退した企業と同じぐらいの規模の企業をもう1回誘致しようと思って同じぐらいの条件整えようと思ったところで、税収も少なくなってますし、同じような条件を用意するということはできなくなってくると思うんですよね。

となると、こういう形で成り立っている地域っていうのは、ある日「突然死」してしまう。そういうリスクをはらんでいると思っています。なので、どうするかというと、小さくてもいいから、なりわいを持ってるとか、事業を回してるとか、得意なことを好きなことを生かしてそれをそれで生活しているとか、そういった人たちがたくさんいて、

1個1個は小さいんで大したインパクトはありません。だけど、だからこそ何か共通の課題があったときにそれをみんなで解決しようとして課題解決に取り組みます。そうやって課題解決という成功体験を積んできたコミュニティっていうのは活発になりますね。活発なコミュニティには何が起きるかっていうとやっぱ仲間が増えますよね。

フロンティアの開拓

自分も何かの店を始めたいとか、自分も何かこういう事業をやりたいという人がいたときに、それをどこでやろうかと考えたときに、やっぱりこういう活発なコミュニティの中に自分も入ってやろうというふうに思うわけですよね。そうやって地域の中にいろんな事業者が生まれていくと。だけどしつこいですけど**未来は予測不能**ですからね、この人たちって簡単に全滅する可能性も十分あります。

でも、こうやって地域の中で、大人たちが自らの力でいろんな事業を立ち上げている、そういうことが当たり前な状況を作ってしまえば、その大人たちの背中を見て育った子どもたちも、どんな変化が起きても、自分の親も起業しているし、隣のおじさんも起業していいるし、そこの酔っ払いのおっちゃんだって事業やってんだから、自分だって何か得意なことを活かしてこの地でチャレンジしようと、そういう気持ちになると思うんですよね。仮に今後、何らかの要因でそれらの事業が全滅したとしても、その要因となった変化に合わせて今度は新しい事業を若い世代が立ち上げていく、そういうことができると思う。

そうやって新陳代謝を繰り返しながらでも、街の機能は停止せずに50年、100年、1,000年と続いていく、そういう地域にしたいなと思っています。最後ですけれども、日本はいろいろ課題がありますけれども、すごく恵まれた国であることは疑いようがないことだと思っています。GDPも世界第3位ですし、治安も世界でも安全なわけですよね。最低限の教育を誰もが受けることができて、国民もある程度ルールというか規律を守って生活している。ひじょうに過ごしやすいわけですよ。

世界にたくさんの国がありますけれども、多くの国々にとっては日本ってユートピアなわけですよね。なんでそんな国になれたかというと、当然我々の先人たちが幸せになりたいとか、豊かに暮らしたいとか、そういうことを願って、それを実現するための手段としていろんな物やサービスを生み出していって、その積み上げた結果が今の社会になっているわけですよね。

　であれば、今ここでこうしている間にもいろんな企業さんは日曜ですけれども働いて、いろんな物やサービスを提供しているわけですけれども、それらの物やサービスが増えていく量やスピードに比例して、幸せの人とか、暮らしに満足している人とか、将来に不安がない人、増えていってしかるべきじゃないですか。

　でも、どうもそうなってないんじゃないかなというように思っています。若者の自殺者数で言えば、Ｇ７の中では日本はワーストを更新し続けているわけですし、国連の世界幸福度ランキングで言うと、日本は良くても47位とかそんなもんですよね。

　経済的には世界3位ですが、そうすると一体何のために経済活動をしているんだと、こんなに仕事していろんな物やサービスを生み出しても世の中良くならないんだったら、何のために人生を仕事に費やしているんだと、そういう話になってくるわけですよね。

　なんかやっぱり**何か変えなきゃいけない**んですけれど、でも残念ながら日本みたいな成熟した社会を変えようと思っても、膨大なエネルギーと時間がかかりますし、政治で変えようと思っても、特に若い世代は仮にみんなが投票に行ったとしても、その声が反映されるっていうことは望みが薄いと、それをもうみんな若者たちもわかっているわけですよね。だから絶望しているわけですけども、やっぱり変えようと思ってもなかなか変えられないわけです。

小高ワーカーズベーススタッフ

でも、翻って小高を見たときに、何もなくなりましたと。ゼロどころかマイナスの状況から、たかだか3、000人から5、000人の住民がですね、暮らしを作っていかなきゃいけないわけですよ。僕ら余計なことをやれる能力もないですし、お金とか、そういった人材もないですから、我々がやれることといったら、本当に必要なものとか、本当に残したいもの、これを厳選した上で積み上げていく、これをやっていくしかないんですよね。

そうすると、今の価値観のまま、物やサービスがどんどん溢れていく、ただただ苦しくなっていく社会と、それに比べて僕らみたいに一旦ゼロから、本当に必要なものだけを丁寧に丁寧に積み上げていく社会と、50年後、100年後を想像したときに、もしかするとここの方がめちゃくちゃ暮らしやすくなっているんじゃないかなと思っています。

そういう意味で小高は、何か日本がやり直しをするとしたら、それができる唯一最後のチャンスが与えられた、そういう**フロンティア**だと思っていますし、そこのフロンティアの開拓をやりたいと共感した若者たちが今集まっているというような状況で、僕自身も30代、40代って一番働ける時間を、そういったこのフロンティアの開拓、新しい社会の構築、そこに使えることにモチベーションを感じながらやらせていただいております。以上です。ありがとうございました。

瀬下　ありがとうございました。和田さんが、小高に来る若者たちに、熱を持ってお話をされている様子が感じられました。また、今回この自由大学に参加した地域の方、市外からの方々にも、和田さんのお話を聞く機会となって良かったと思いました。

では次に西山里佳さん。お願いいたします。

グラフィックデザイナーを夢見て

西山里佳　改めまして、西山里佳と申します。よろしくお願いします。

和田さんのすごい熱い話を私も結構何度か聞く機会があって、まさに私は和田さんに共感して、和田さんのやっていることにチャンスをもらって小高に移住したものです。

私自体はグラフィックデザイナーをなりわいとしていて、会社のロゴですとかチラシですとか、何かそういう平面に関するものを作っています。

西山里佳氏

現在の話をすると、プロフィールにはmarutt《マルット》株式会社の代表取締役って書いてあるんですけれど、本当に社員2、3人で細々とやっている地域に根ざしたデザイン事務所を目指してやっています。それと、そこの場所が『**表現からつながる家**「**粒粒**《つぶつぶ》」』という名前をつけていまして、小高区のもうちょっと隣の浪江町の方に向かう桃内駅のところにある、本当に素敵な田園風景に私は惚れ込んでしまって、それでこういう景色の場所なんですけれど、双葉屋旅館の小林友子さんにお繋ぎいただいて、林さんのご親戚がオーナーでいらっしゃって、そこからご縁をいただいて、ここに今、私はリノベーションして住みながら仕事をしながら、あとはここをクリエイティブスペースという形でイベントなどをやりながらすごく心地よく過ごさせていただいています。

周りの人もめちゃくちゃみんないい人で気にかけてくれます。やっていることを少しお話ししたいんですけど、その前に私がなぜ小高に来たかというところを少しお話しさせていただきます。私は昨日も自己紹介のときに話した通り、双葉郡の富岡町出身です。実家は夜の森地区というところにあって原発から7キロぐらいのところになります。

今年の4月に帰宅できるように居住できるようになったばっかりの場所なので、まだ人はほとんど住んでいないんですけれども、私の実家はここで小高の街中と同じように更地になって砂利が敷かれている状態になっています。

今も草ぼうぼうで、私も何度か通るんですけれど、場所自体は夜の森公園っていう桜の名所の近くで、桜並木のすごく近くでいい場所なんですけれど、私は18歳の高校までそちらにいました。昨日、飯島さんからお話があった双葉高校は私の出身校なので、高校を卒業して東京にグラフィックデザイナーになりたいということで上京しました。そのときは本当にこんな田舎で何もないところ、デザインの仕事もなければ、私は当時サブカル女子だったので、音楽もない、ライブに行くにも遠い、美術館もない。

表現からつながる家「粒粒」

なので、こんなところにいられるかっていうので、もう帰らないっていう感じで出ていったんですけれども、そのときに、まさか自分が10何年後に帰ってくるとは全く思ってなかったんです。それで上京しまして、私は元々その音楽が好きだったので、CDジャケットのデザイナーになりたいという夢を持って上京しました。

実際にCDジャケットのデザインをやらせてもらえるようなデザイン事務所に就職して入って、そこで8年ぐらいアシスタントというか、デザインの師匠がいるんですけれど、そこでまさに好きなロック系のデザインばっかりやっていて、そういうときに、まさに自分の夢を追っている26歳のときに、あの震災がありました。

震災のときは東京で事務所を移転するために新しい事務所で、新しいパソコンが届くのを待っているときで、そのときは7階ぐらいにいたんですけれど、すごく揺れて、あの当時は師匠が海外ロケに行って留守だったので、師匠と1対1の会社でしたので、私が留守を守らなければいけないということでした。新しい事務所は何もなくて、私は無事だったんですけれど、そこからあの師匠の事務所に帰ったら、師匠の家兼事務所が、もうCDや本の天井まである棚がパーっと全部倒れて、私はここにいたらやばかったかもしれないっていうようなある意味ではラッキーだったです。

そういうことを体験しました。そのとき東京もやっぱり皆さんも経験されたかと思うんですけれど、だいぶパニックになって皆さん徒歩で何キロも帰られたりとかしてたんですけれど、私の場合は家がすぐ近くというか自転車で通勤する圏内だったので、家に帰れたんです。

実家は津波が来る場所ではないっていうのはわかっていたので、そんなに心配ではなかったんですが、原発事故のことはやっぱり、これはどうなっているんだろうっていうことで、母とも家族の誰とも連絡が取れない状況でした。昨日広畑さんの話もありましたが、全然電話も繋がらない、連絡も取れないっていう状況で、もうただただ不安な夜を過ごすしかなかった。

家電《いえでん》の方が繋がるかもしれないっていうので、当時結婚予定だった彼のご実家に行って家電から電話をかけまくらせていただいたりとかしていて、でも全然繋がらなくて、やっと安否の確認を取れたのが12日の午後でした。

叔父とツイッター（現在X《エックス》）で連絡が取れて、それで皆避難しているよっていうことを聞いて、ただそういうこともあってその当時、普通にデザインの仕事しているときは、音楽業界とかファッション業界とかのお仕事させていただいていたので、生きるのに必要ないと言えば必要ない。インフラとして急務に必要ではないお仕事に関わらせていただいたので、そのときはすべて止まりましたけど、震災の1か月後とか2か月後にはもう当たり前のように、次の作品を作るミュージシャンのCDのジャケットのデザインをする、ファッショブランドのブランドブックっていうカタログを作る仕事をするっていうのが当たり前のように動いてきました。

私は果たしてそれでいいのかっていうところを悶々としながら、家族は転々と避難をしながら落ち着く場所を探して、やっといわき市に家を借りられたのがゴールデンウィーク過ぎ、6月ぐらいだったと思うんです。けれど、そのときに、それなのに私は普通に知らない、顔の見えない人たちのために、生きることに困っている人たちが傍らでいるのに、家族はそれで困っているのに、私はそういう仕事をしなければいけないっていうことにすごくストレスを感じたり、葛藤しながらいたんです。

でも、5月に福島に一時帰宅したり、その津波のところのボランティアをしに行ったりとかしていて、若者として26歳の自分が福島にすぐ帰ることで力になることは、たくさんあると思いました。もちろん人手も足りなかったですし、やれることはたくさんあると思ったんですけれど、まず母が将来子どもを産むかもしれないんだから、来なくていいと言われて、こっちは大丈夫だから来なくていいというふうに言われたのが、まず一つありました。

そこから、行けないんだったらどうしようと思って考えたときに、私はすぐ福島に帰って戻るよりも、私は今夢を持って先ほどのアトリエ「iriser《イリゼ》」のガラスアクセサリーの話ではないですけれど、手に職をつけようとしている、何者かになろうとしているっていうときで、やっぱり私は自分ができることとして、まだ何者でもない自分が帰るよりも、もっとこの先を見据えてデザインっていうのは本当に生きるためにはそんなに必要なインフラじゃないかもしれないんですけど、その先にまちを作っていくとか、人の営みを再構築していくときにコミュニティを作ったりとか、そういうところにすごく寄与する大事な仕事だと思いました。

そう思っていたので、デザインの仕事を自分が納得いくまでやらなくてはいけないと思って、師匠の元でまだ修行中だったので、修行をやりきるまでは帰らないって東京で頑張ろうっていうので、それでまだしばらく頑張って32歳のときにやっと福島に帰ってきました。それは自分で修行もして、その後転職もして1人でやっていけるっていう力を身につけたなと自分で考えたので、フリーランスになって福島に帰ってきました。

原発再稼働反対のデモに参加して

そんなこんなしているうちに家族のこともいろいろ整ったりとかして、私自身その震災のときに、そのときはそのモヤモヤしている気持ちを実はデモにぶつけていました。当時、**再稼働する・しない**という話もあったときに、渋谷で若者たちがツイッターで集まった「Twit《ツイット》 No《ノー》 nukes《ニュークス》」っていうデモがあって、私はやっぱりデモとかってなかなか自分が参加するっていうイメージはなかったんですけれど、震災を機に周りのミュージシャンやアーティストの友達がどんどん声を上げたり、自分が政治的な発言をしてもいいんだとか、これはいけない、嫌だって言った方がいいんだっていうような空気感があって、それを表現できる人たちが近くにいたということもあって、皆さん渋谷の街中、センター街とかをデモするんですけれど、普通のデモだったらみんな見向きもせずに通り過ぎていて、私たちは自分の意見を伝えたいというよりは政治に対して意見を言ってもいいんだよとか、原発再稼働を嫌なら言ってもいいんだよ、自分で考えようよっていうのを感じてほしいっていう思いがあったのです。

私たちはみんなクリエイターやグラフィックデザイナーとかだったので、すごいかわいい冊子を作ったり、横断幕をモコモコにしてかわいいものを作ったり、配るものも欲しくなるような、かわいい小旗を作ったりとか、その裏には原発についての知識をちょっと忍ばせたりとか、そういうような活動をしていました。

でも2012年かな、衆院選で自民党が再度、政権与党になったときに、もう私はそれまで10万人、20万人が集まる現場の再稼働反対のデモとか、官邸前にも行っていたんですけど、この熱量、この空気感の若者もたくさん周りにいて、同世代の人もいて、これで変わらなきゃ、どうなっちゃうのだろうと思いました。これ絶対変わらないわけないって思ったのに、結局、変わらなかった。

絶望の上に、新しいコミュニティを

そのことが絶望というか……それを味わって、私は東京でできることってなかなか、それぐらいしかなくて、それを頑張ってやっていたんですけど、なんかそれも絶望を味わったので、もうやっぱり自分で何というか、地に足をつけてやりたいっていう思いもあって、ただただ空中で意見を言うだけじゃなくて、やっぱり自分の周りの半径1キロぐらいを幸せにできるように、自分が何か動かなければいけないっていうふうに思って福島に移住というか、移住先は正直どこでも良かったんですけれど、自分で東京じゃないどこかで自分の暮らしをちゃんと作っていきたいっていうふうに思いました。

必ずしも福島じゃなくてもいいと思っていろいろ探したんですが、その当時、震災後からの地方創生ということでいろんな地域でいろいろな動きがあって、私としては東京でしかデザインの仕事はできないと思い込んで都会でしかできないと思ったデザインの仕事が、いろんな地域で盛り上がってきてすごい楽しいことをやっているデザイナーの先輩たちがたくさんいらっしゃったので、私も地方でのデザインの仕事っていうのはすごく魅力を感じていました。

どこでもいいかなと思って調べたときに、先ほど和田さんがおっしゃっていたNext Commons Labっていう団体のサイトを見つけました。予測不能の未来を楽しもうっていう、先ほどのキーワードにまさに私は響いたんですけど、結局自分たちで作っていくしかないよなっていうタイミングでそういう**予測不能な未来**を楽しもうっていうキーワードとともに、あと社会はどうせ変わらないって思ってしまった絶望の上に、けれどどうやって新しい社会を作っていくのかって言ったら、社会じゃなくて新しくいっそ違うコミュニティというか、OS（Operating System、パソコンの操作やアプリなどを使うために必要なソフトウェア）を作ろうっていうことをそのNext Commons Labでは言っていて、それかもしれないと思いました。

それでフリーランスになってその後に小高に移住して、そのNext Commons Labのコーディネーターと起業家を受け入れる側として移住させていただきました。そこからは和田さんと一緒に、起業家さんが今どんどん来ていて、もう16人も来ているのかっていうので感慨深いなって思って、私は2018年に来たので、それからいろんな人が私より若い世代の人たちが、どんどん起業してやってくる姿がすごいなと思いながらやっています。

長くなっちゃったんですけれど、そんな感じで小高に移住して、小高で今私がやっていることはグラフィックデザインの仕事なので、基本的には先ほど話したように、事業者さんが何かやりたいということをサポートしていることが多いです。「粒粒」の中はこんな感じになっています。

土間を作って、元々ここはよくある日本家屋だったんですけれど、その下を土間にして上を吹き抜けにして家の中心まで土足で入れるっていうような感じにして、オープンな私のマインドを表現してもらって、私がやっていることが、企業とか行政とかの市民団体さんとか、表現者って言われるアーティストの方とか、ご近所さんとかに対していろいろサポートをいろんな角度からしていくっていうので、まずデザインの視点から、アートの視点から、クラフトの視点からっていうふうに最近は分けられるなと思ってきました。

すべて表現活動につながる

デザインに関しては、企業さんが何か商品を発表したい、発売したいってときに、パッケージのデザインをやったり、そのためのチラシを作りましょうっていうのをやったり、あとはブランディングって呼ばれるものなんですけれど、会社さんが今の時代はいいものを安く作っても売れないので、どういう気持ちでどういうふうに社会に貢献していきたいかっていうのを企業がしっかりメッセージを出していかないと、それに共感してサービスを受けたり、物を買ったりするっていう人たちの時代になっているので、そういうところをしっかりメッセージを整理してあげるような仕事ですとか、それをきちんと反映したロゴデザインをするとか、そういうようなことを仕事にしています。

クラフトに関しては、先ほどの「粒粒」という場所でのワークショップをやったりとか、展示の機会を提供するようなことをやったり、あとはクラフトっていうことで「**小高つながる市**」っていうマルシェを開催しています。まさにこの交流センターの場所で、今年は春と秋と2回開催で、もうすぐ10月14日にやるんですけど、クラフト作家さんって意外とこの地域にも多くて、手作りでアクセサリーなんか自分の好きなもの、趣味のものを作ってそれをネットで販売してる方も主婦の方とかも結構多くて、そういう方々がリアルに会う機会って意外と少ないので、そういう方たちを繋いでマルシェをやるっていうような機会を作ったりしています。

「粒粒」の内部

結局、私はいろいろやっているんですけど、これを何かっていうと、もう全部表現活動だと思っていて、企業は何か商品を作って売りたいっていうのも企業の表現活動ですし、行政が、南相馬だと子育て世代への施策を厚くしましょうとかっていうのも行政の表現だと思ってますし、もちろん表現性アーティストの方は作品を作ったり、物を作ることが表現にもなりますし、あとうちの近所なんかは、農家さんが多いので今年は畑で何を作ろうかっていうのも表現だと思うので、その表現する人に対して私はサポートしていたいっていう気持ちがすごくあります。なので、表現に出会うことと、見つめる機会を作ることと、あと表現することのお手伝いっていうことを私はこの地域でやりたいと思って、それを軸にデザインの仕事もあとの仕事も、**マルシェ**の開催もやっています。

私がなんでこんな表現に、っていうのは、実際に、元々グラフィックデザイナーになるきっかけも音楽が好きだったからっていうのがあって、音楽って言ってもアーティストの方は自分を表現するためにもそうですし、意見を社会に対して伝えるためとか、いろんな目的があってそれを表現していて、ただそういう人たちがやっぱり圧倒的にご飯が食べられなかったり、途中でやめなきゃいけないっていう状況が私も東京にいるときにありました。ミュージシャンの友達がそろそろ20代後半になって、結婚したい人がいるからやめるとか、自分の好きな仕事をしていいんだよっていうような社会に日本はなかなかなっていなくてサポートも弱いです。

私も高校生のときに自分がグラフィックデザイナーになりたいって両親とかに言ったときに、グラフィックデザインなんてなんだかわかんない人が多くて、うちのお父さんは今でも私のことを看板屋だと思っているんです。もしくは、絵かきになるのと同義だと思っていて、「3年が経って芽が出なかったら帰ってこい」って言われました。

いや、そういう仕事じゃないんだけどって思いながら、そのときはそう伝えられなくて。でも、実際に私は最近高校生とか若い世代と触れ合う機会をいただくご縁があって、そうするとやっぱり職業の選択肢が少なくて、グラフィックデザイナーに会ったことがなければグラフィックデザインをやりたいって思わないし、夢の世界

小高つながる市

でユーチューバーになりたいって思った小学生が、高校生になったらやっぱり公務員になりたいって思っている現実があって、なんかそこはもっと自分の表現に自分に自信を持ってやっていける土壌を作っていきたいなっていうのを私はすごく強く思います。
　そうなったときに社会を変えるってやっぱり難しいので、先ほども言った通り半径1km《キロ》ぐらいで、小高とか南相馬の高校生たちが、私がこの場所でデザイン事務所やっていることでデザイナーがいるっていうことで、もうすぐ40なんですけど40になっても金髪にしている人がいるよっていうことで、何か自由に生きてもいいんだとか、好きなことやっていいんだとか、何かそういうのを体現できたらいいなと思って、今頑張っています。頑張っている皆さんに比べたら全然頑張れてないような気がしてなんか恥ずかしいんですけれど、いろいろやっているところではあります。以上です。ありがとうございます。

瀬下　ありがとうございました。南相馬市の生涯学習課の事業で、小高区に若いアーティストをお呼びして開催して今年3年目です。小高の文化資源とか、人との触れ合いをしながら作品制作をして頂いています。その市民側のサポーターとして、私と里佳さんと、あともう1人、アオスバシの森山君の3名でサポートしております。

お話しに出ていた、今年の「小高つながる市」、その日、小高秋まつりも開催します。10月14日（土曜日）、その時にアーティストインレジデンスの作家さんの作品も展示するということで、アーティストさんと展示場所を検討しています。浦尻貝塚や、小高教会幼稚園など、小高の文化資源を活用することを、市の方からも協力いただいて進めています。そして、本当に田舎で、デザインの仕事があるのかなと実は思っていたんですが、とてもお忙しく仕事をされている中を、まちのことも、色々と協力して頂いております。ありがとうございます。

では、次の話は蒔田志保さんにお願いします。

南相馬との出会い

蒔田志保　めちゃくちゃ緊張しているというか、和田さんと西山さんのお話を聞いてすごい心が揺さぶられてしまって、ちょっと涙腺がって感じなんですけど、改めまして、蒔田志保です。よろしくお願いいたします。

　ちょっとこんな感じのスライドで恐縮なんですけれども、私は今日、ここに呼んでいただいてありがとうございます。特に起業する際とか、こういうことがしたいという具体的なことはなかったんですけれど、きっかけがあって南相馬市に来て、ここにいます。出身地は愛知県で、２０１８年に移住してきて今5年目になります。元々全然親戚も東北とかにはいなくて、東京までしか来たことがないという感じでした。

　今日はこんな感じでお話できればと思ってます。初めて小高に来たきっかけで、その後1回移住しようと思ったタイミングがあったけれどそこで断念しました。その後、そこから時間を経て、やっぱりこっちに来ました。引っ越してきたとき、隣の原町に住んでいたんですけれど、そこから半年ほど前に、小高に今度は引っ越してきて、今暮らしているよっていうところですね。その間の共通項のところで考えていることなど、話せればいいいと思っています。

　後ろに子どもがいても、夫が来てくれてリラックスしてるんですけれど、夫と出会ったきっかけであり、私が初めて南相馬に来たきっかけがこの学習支援のボランティアでした。実はなんか南相馬に来ようっていうので南相馬に来たっていうよりは、何かこの活動に参加したいって先輩に連れてこられて、着いたら南相馬だったみたいな感じなんです。

この前段として、これは冬なんですけど、同じ年のゴールデンウィークに、私は大学でよさこいのようなサークルに参加しておりまして、その活動の一環で２０１３年のゴールデンウィークに福島市とか宮城の名取とかに、当時、仮設住宅がありまして、そこにこの踊り披露とか、そこにいる方たちと交流しに行くみたいな活動で、初めて福島県というか、東京より北に行きました。そこで踊りを披露とかもしたんですけど、私はなんでそう思ったのかまでは思い出せないんですけれど、そこで福島に住んでいる方たちとお話をして、もっと福島の人と喋りたい、話したいって思ったんですよね。

蒔田志保氏

当時は正直もう本当に失礼な話なんですけれど、どこから避難してるのかとか、あまりわかっていない状態でした。

２０１１年、高校2年生のとき、しかも愛知県というところでもすごい不安があって揺れたんですよね。あの日も、「なんかすごい揺れたね」って言って友達に聞いてみたんですけれど、次の日に新聞で見て、新聞の一面とかですよね。大変なことになってるぐらいで、止まってた原発事故のことをもうよくわかっていないような感じだったと思います。本当にそこから東日本大震災のことは全然頭になくて、大学生になってそういうサークルのきっかけで福島に足を運ぶっていうところですね。

その先輩がプライベートで行ってた子どもたちの学習支援があったから連れてってくれって言って行ったのがこれでした。下の方が初めて来たときの絵なんですけど、この活動は小高の小中学校のPTA会長のお母さんが立ち上げられた活動で、**フリースペース**というんですけれども、私は京都の大学生だったんですけれど、いろんな京都とか東京とかいろんな学生がこの町に来て、これは冬休みとか夏休みに開催されてたんですが、宿題を一緒にやったり、遊んだり、その季節に合ったイベントをしたりとかで過ごしました。まだ避難指示が出ているときだったので、そのときの発信は小高の場所だったんですけれど、鹿島区にある仮設校舎とか、笠間の図書館もある辺りで活動しようっていうところでした。

このときにすぐその子どもたちがどういう生活をしてきたか、その震災後、保護者の方とも話をして聞かせていただいて、やっぱりその子どもって、例えば遊びたいとか、それから何かやりたいこととかを、全然この子たちは言えなくなっちゃったとか、その

学習支援活動フリースペース

勉強も学校が仮設校舎であったり、落ち着いた環境じゃないっていう中で、落ち着いて座ってられなくなっちゃったとか、希望とかが素直に言えない、何かお母さんたちとか周りが大変な状況を見る中で、言えなくなっちゃってるんだっていうお話を聞きました。

そうなんだと思って、家族とか先生じゃない第三者っていうんですかね、地域的に大学がないというところで、大学生という存在もなかなかいないから、大学生に来てほしいっていう思いもあったって、その立ち上げたお母さんたちから聞いてるんですけれど、そういういろんな話の中で、特に最初に来て仲良くなったのがここの下の

子たちなんです。この子たちが楽しんで何か私が来てる間だけでも楽しい思いをさせてあげたいみたいな、ちょっとおこがましかったかもしれないんですけれど、なんかそんな気持ちで、これは冬の映像ですけど、夏祭りを企画したり、大学で自分が熱中してた踊りをここでしたり、ということをしていました。

それで、活動を夏冬みたいな感じで繰り返して就職活動をするタイミングになりました。私は本当にサークルばっかやっちゃってたので、インターンとか全然行ってなくて、なのになんか4年生の夏、卒業する年になって、就職活動をしながら、何かその働く先で南相馬ってありなんじゃないかみたいなっていうのはさっきのその子どもたちのために何かしたいみたいなのが、多分どこかで地域のためにみたいなのとか、何かそういうふうに自分が感じちゃったのですね。

自分が幸せになるための決断

地元が愛知県なんですけれど、将来ここで暮らすかもしれないから、ここで働くっていう選択肢もありなのでは、でも当時まだ避難指示解除前でしたので、どうしようと思って、「小高町づくり」を検索して出てきたのが和田さんだったんですよね。さっきの学習支援の活動では来てたんですけど、よく考えるとそれ以外に皆様のところのどこも行ってなかったんですね。

だから町にどんな人がいるかとか、町の状況は全然わからなかった。初めて来たときに、小高にも連れて行ってもらったんで、昨日のすぎたさんの映像じゃないですけれど、本当に家が崩れたままであったり、もうシャッターが閉まってたり、それを見てすごいショックだったんですよね。

もうショックっていうのはこの現状、本当に何も知らずに過ごしてきた自分にショックがあったと思うんですけれど、何かしたいなっていうのが芽生えて来たんですけれど、1回ここで1か月、和田さんに急に連絡して、とりあえず行かせてくださいって言っていたんですけど、本当に何もできなかったんですよね。

何もできなかったというか、思ってたのと違うみたいな。町づくりって、検索したときの町づくりっていうのが、何かイベントを企画するとか自分の好きなことで何かやっていくみたいだったんですけれど、来てみたら、多分、和田さんのさっきのスライドで言うと生活環境の整備みたいなタイミングで、自分がやりたいと思っていたことと全然違う状況でした。

なので、そこに対して自分ができることはないというか、見つけられなかったんですね。あったとは思うんですけれど、ここでこのまま働いてもというか、今自分がここにいて、これから来年とか卒業してきて幸せになれるかなとかってすごく考えて、1回ちょっとやめようってなったんですけれど、そのときに言ってもらったのがいつでも来れるからって、和田さんもそうですし、他の人にも言っていただいたんですよね。なんかそれもあって、自分がいたいって思えるようになったタイミングとかで来ようって思って、卒業は結局、東京本社の会社に就職して、愛知県に戻って、あのスープ屋さん、食べるスープの専門店で働いていました。

それで1回止めたんですけど、小高が嫌だとか、この地域は嫌ってなったわけではなくってですね、やっぱりその1か月暮らしただけで、双葉屋旅館の女将とか和田さんもそうですし、そこで本当に今小高で何かをしてしようとしている方々との関係性ができて、Facebook《フェイスブック》とかでずっと活動を追っていました。2016年から2018年ですね。

その中で、ちょうど避難指示解除がされて、そこから2年間ぐらい自分は愛知県で働いていました。その間に「**オムスビ**」というコーヒースタンドが小高で始まったり、学校も始まっていたし、あと「**フルハウス**」ができて、さっきのNCL(Next Commons Lab、南相馬市の起業型地域おこし協力隊の制度)とか、全部Facebookとかで拝見していました。どんどん町が動いていく人の流れがあって、どんな人が来てるかとかも紹介されるじゃないですか。それでそういうのを見ながら、時々聞きながらですね、夫がこっちにいるので、会いに来たりとかしながら、日常を感じられるようになっていきました。インターンのときは結構、本当にあのとき、避難指示はいつ解除されるかとかもわからない状態だったので、結構本当にどうなのかな、みたいな感じだったんですけれど、生活が見えていきました。この間にずっと遠距離恋愛してたんですけれど、どうして離れて暮らしてるのかわかんないみたいなって。町の変化から生活感を感じられて、行けるって思えた。何かその地域のためではなく、自分が幸せになるために行こうと思えたなっていうのがすごく自信なんかも覚えたので決断をしました。

コーヒースタンド「オムスビ」

一緒にやったら楽しい!

引っ越してまもなくから「**オムスビ**」のコーヒースタンドで働き始めました。今移転しちゃったんですけれど、小高駅からまっすぐ来て最初の交差点のところに位置してたコーヒースタンドで、中はこんな感じで、カウンターでちょっと席があって、お客さんと話しながらコーヒーを飲んでいただくっていうスタイルの場所でした。来た頃もすでに、知ってる顔がいる状態なので、全然知らない土地に来た感覚はないんですけれど、「オムスビ」は自分の居場所だみたいな感じで、仕事にもなったし、そこでいろんな人と本当に出会うことができてました。

私はコーヒー屋で働きながら、最初はコーヒーにそんなに興味がなくて、どっちかっていうとクリームソーダとか、何かそういうものを作りたかったりっていうのを、この辺で自分が飲んでみたいなと思ってもあんまりなくて、そういう場所だったら自分でそれこそやるかって言って、コーヒーやクリームソーダのことを調べたり、自分で試作したりしながら、でもそれって自分でだけ1人でやって、どうぞって私はやりたいんじゃなくて、やっぱりこういうことを一緒にしたら楽しくない？　とか、私が飲みたいと思ってもないなって思ったようにそうやって感じてる人がいたら、頼ってもらえたら嬉しいと思ってやって、ちょっとイベントっぽくワークショップにしたりして、何かそういう企画も結構やってました。

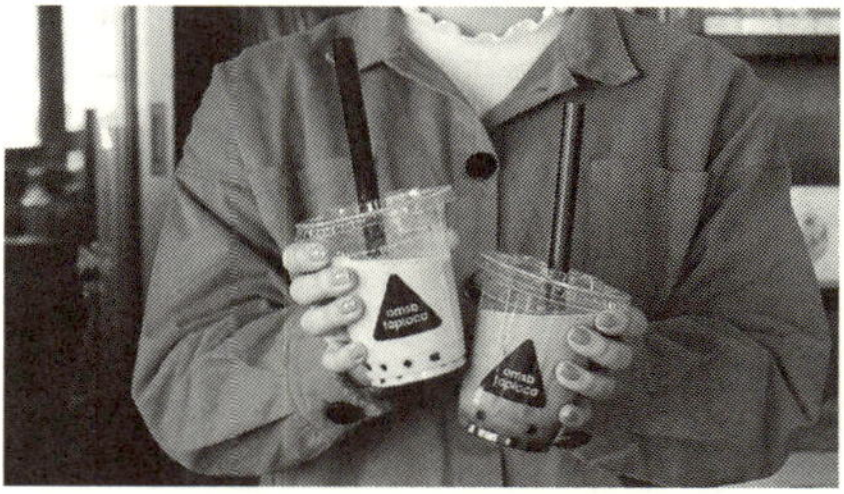
地元高校生と考えた「オムスビタピオカ」

　あとは地元の高校生と一緒に商品開発でタピオカを作ったんですけど、タピオカは本当に多分店で一番売れたと思います。高校生が欲しいって言って、それを不満にというか、大人がこうした方がいいんじゃないみたいなことは言わずに、正直多分タピオカのピークは終わって過ぎてたんじゃないかなっていう時期ではあったんですけれど、地元の高校生がいいって言って一緒にパッケージも考えて、ポスターも一緒に作るって言ったら、それまでに来たことのない数の高校生が来たんですよね。

それで感じたのは、立場に関係なくというか、これがいいって言ってくれたことを一緒にやるとか、これを私たちがやってても絶対あんなに来なかったので、本当この店内が高校生であふれたんですけど、高校生の子たちが自分たちが作ったんだって言って、めちゃくちゃ宣伝してくれたんですよ。ブランド宣伝してっていうよりも、見て！自分が作った！って、言いたいみたいな感じですごいをシェアしてくれて、あれはすごい良かったなと思います。

今こんな感じでちょっと移転しまして、場所が駅前の青葉寿司っていう元寿司屋さんをリノベーションした建物です。お店の全体はこんな感じで、結構広い。本当に広くて、ぜひ、まだ行ったことないよって方は、水木土ってやってるって感じなんですけど、なんか引き続きそこで地域の人と一緒にやったら楽しいんじゃないかみたいなことを、都度、都度考えてるっていう感じで私はやってます。

小高の変化を感じる

2018年に来てから、今年で5年なんですけれど、街中でお店にいながら、たくさんの変化も感じました。引っ越して来た頃って、2018年から避難指示解除が2年後ぐらいの9月だったので、結構視察とか、そういうお仕事で来たっていう感じの方が多かったんですけれど、もうすっかり住民の方、小高だけじゃないですけれど、普通にカフェ利用とかで来られるようになったし、お友達家族までいっぱい普通の人が来てくれるようになったのはすごく大きかったです。その中で交流センターとかですね、すごく飲食店も増えてて、それも何かできる中で何かそれこそ普通に生活できる普通の町っぽくなってきてから、やっぱり人の流れも変わったなって、詳しくどっちが先とかは言い切れない部分があるんですけど、両方変わってるのってすごく思いますね。

新米でおむすびを食べる会

本当に飲食店が増えて、お昼ご飯どこで食べようかなって選べる日が来るなんて、インターンに来たときは

インターンシップ最終日のお昼ご飯

思えなかった。今はどこで食べようかなって考えるのがすごい楽しいです。自分との比較にはなってしまうんですけど、やっぱり私はどっちかというと復興、何かその震災っていうところからスタートする、来るきっかけみたいなところだったんですけれど、面白い人がとか、事業をやって来てみたいとか、もうちょっと**コミュニティ作り**とか、何かちょっとあまりすぐぱっと出てこないんですけど、自分とは違う、なんかもっと明るい理由というか、全然違う理由でみんな来てるなって見ながら思ってます。

　ちなみに最初に来たボランティアも、今は小高でできるようになって、ちょっとこの2、3年コロナでできなかったんですけれど、最新でやったのはこれ今皆さんがいる同じ場所なんですけれど、ここにこんなに人が集まるぐらい子どもたち、そこだけの小・中学校ですね。集まってくれるぐらいできてすごい良かったです。初めてこの活動をスタートしたとき小学校1年生だった子が、今年、高校3年生になってまして、結構活動も時間・地域とか環境の変化に合わせて必要とされるフェーズとかも変わってきてる中で、ちょっと活動が一旦、いい意味で終わり、役目を果たしたのかなっていうところは感じています。

今、執筆業とか、書く仕事とか、取材して書いたりとか、カフェの仕事もあったんですけれど、全部小高で完結できなかったんですね。そうすると気づいたら全然小高から出ないとか、保育園も小高のこども園に通わせてますし、全部が小高になったときに、ちょっとなんかずっとこの感じでいいのかなって、なんかそれこそ漠然とした不安なんですけど、なんかそういうのだったりもうちょっと軽やかにいろんな場所に行ける自分でいたいなって思った部分もあって、これは多分小高に住んでるからっていうだけじゃなく、自分がその学生だったりするところから母親になったっていうところの葛藤も含まれてるのかなと思うんですけど、いろんなライフステージの変化とか、ただ環境の変化で、ちょっと葛藤も多い時期となっております。

それでいても自分ってここで何できるのかなっていうのは考えながら、都度、都度ちゃんと自分で選択して、それをできる、できなかったらちょっとでもできるような自分になれるようにっていうことは多分ずっと考えてて、これは何かすごく自分にとっても良かったなと思うし、何かそれがちょっとでも地域と繋がってたらいいのかなって思ったりしています。以上です。ありがとうございました。

瀬下　以前、志保ちゃんに聞いたことがあります。大学生の時に小高に来た時は警戒区域で、夜は街灯も点いていなくて真っ暗で物音もしなかったそうです。私が小高に帰ってきたのは、２０１６年です。それまでの小高の様子を体感している志保ちゃんの存在が有り難いと感じています。震災の年、**小高教会幼稚園**は卒園式ができないまま、年中組、年長組の子たちは避難して行きました。先日（２０２３年6月１５日）、小高教会幼稚園同窓会の設立式の時に、その子たちが来てくれました。志保ちゃんが大学時代に小高で交流していた小学生です。その子たちは、もう高校2年生です。そして志保ちゃんは、学生時代から小高に関わり、結婚と出産をして。そういう、自分自身の時間を南相馬と歩んでくださっていると感じます。志保ちゃんが「オムスビ」にいることで、田舎のコーヒー屋さんが、スターバックスみたいな感じになっていました。シホちゃんの雰囲気があったから、「オムスビ」は良いお店になったと、私は思っています。

では、次に益邑明伸さんお願いします。

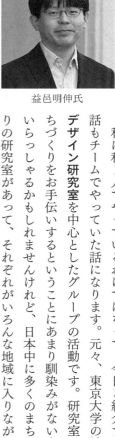

小高との関わり

益邑明伸《ますむらあきのぶ》　益邑と言います。よろしくお願いします。今、私は東京都立大学で教員をしています。私と小高との関わりですが、学生だった2014年から小高地区に通い、まちづくりのお手伝いをさせていただいています。

益邑明伸氏

私は私1人でやっているわけではなくて、今日ご紹介するお話もチームでやっていた話になります。元々、東京大学の**地域デザイン研究室**を中心としたグループの活動です。研究室がまちづくりをお手伝いするということにあまり馴染みがない方もいらっしゃるかもしれませんけれど、日本中に多くのまちづくりの研究室があって、それぞれがいろんな地域に入りながら活動していまして、私たちもそういうグループの1つになります。学生と教員と一緒になって活動しているので、学生は毎年毎年卒業したり新しく入ってきたりして、メンバーは入れ替わりますし、その中から学生から大学教員になったメンバーもこの中に何人かいます。

メンバーは所属が変わりながら、今も一つのチームとして関わりながら活動を続けています。また、都立大の大学生とも一緒に来ています。そんな私たちのグループの活動をちょっとお話ししたいなと思います。ただ、私もずっと関わっていたわけではなく、小高に来られない時期もありましたが、その間も他のメンバーが活動を続けていました。

そもそも小高に通うようになるきっかけの話の前に、皆さん3月11日の話をされていたので、僕もしたいなと思います。その日は、私は東京にいてまだ大学1年生でした。オーケストラサークルに所属していたんですけど、そのサークルの友達と一緒に都心の水族館に行こうとしていて、最寄り駅で電車を降りたところで地震がきました。電車が止まったので帰れず、近くの親の勤務場所にみんなで泊めてもらったのです。そこに福島出身の友達も2人いました。揺れたときは東京のあたりだけが大きく揺れたのだろうと勝手に思っていたので、ぶらぶらと過ごしていたのですが、夜になって初めてテレビを観た時に福島出身のその2人の顔色が変わったのを覚えています。そのときは原発ではなく津波の心配ですが。僕にとっての震災というのはそういう体験でした。

それからしばらくは東北には行かずに過ごしていましたので、私にとっては直接関わりのない話だったんですが、2014年に大学院に進みまして、2014年5月に初めて小高に来ました。きっかけは小高区の住民の方にお声がけいただいたからです。

避難指示解除前の小高駅前通り

まちを知ることから

この写真は2015年4月ですが、これは誰もいないところを撮ってますけれど、たまに車が通るっていうような風景でした。一方で、ちょっとわかりづらいかも知れませんけど、道路脇に花壇がありまして、ちゃんと花が植えられているという、つまり人の姿は見えないけれど、誰かしらが手入れをしている空間であるというのもとても印象的でした。

常磐線の跨線橋の上より

これは小高のJR常磐線の上の跨線橋《こせんきょう》から撮った写真ですね。まだ常磐線が通ってなかったので、小高に来るときはなかなか苦労しながら来ていたような時期でした。一方で相馬野馬追《のまおい》は私が初めて来た夏に見せていただいていて、そういう伝統が続いていて、さらにこういう家族が手を繋いで帰っているような風景を見て、ここで暮らしていく人がいるんだ、その暮らしっていうのをちょっと考えたいなというふうに思いました。

先ほど秋祭りが来月っていう話がありましたけれど、2014年10月に復活・秋祭りのときには、普段人がいないところに、今から比べれば小さい規模ですけど、多くの人が集まってるのを見て、これだけの人が小高に思いを寄せていらっしゃってるなっていうのを感じました。

　ちょうどその頃、和田さんにお会いして「こんな人がいるんだ」と思ったのをすごく覚えています。他のところに目を向けてみると、荒廃した家屋を公費で解体してくれるという状況の中でどんどん家がなくなっていくような時期でもありましたし、一方で放射性廃棄物の仮置き場が農地に作られて、農地にたくさん積まれているような時期でもありました。沿岸の方に行けば、津波に襲われた住宅がまだ残っていましたので、同じく関わっていた岩手県の津波被災地とのギャップというのもすごく感じました。

野間懸からの帰り道

　そういう中で、小高区には**小高区地域協議会**というものがあって、住民の代表の方々がまちづくりのことを行政と話し合う場がありますけれども、その下にワー

白いフェンスで囲まれた放射性廃棄物の仮置場

キングループという小高のこれからを考える場が新たに設けられました。最初に小高に来るように誘っていただいた方がそのメンバーだったんですけれど、そこで小高のこれからを話し合うっていうことを始めました。

仮設住宅の集会所で、いろんな方のお話も伺ったりもしました。避難指示が出ている時期ですので、日中まちに行っても人に会うことがなかなかなくて、だから誰かと話し合うのは物理的にかなり難しい時期でもありました。いろんな人伝手に紹介してもらいながら、私たちはまだ全然小高のことを知らないので、まずどういうまちだったか教えていただくことから始めました。地図に被災前のいろんなエピソードを書きとめていきました。

例えば昔はここで十円饅頭を売っていたとか、学生服を販売していたとか、小高のまちがどういうまちかを伺いながら過ごしてきました。また、まちあるきのイベントも行いました。住んでいる方々、住んでいた方々とも、もう1回まちを見直すということを一緒にやっていく中で、歴史のある建物がいろいろあるということもわかってきましたし、そういうものを活かすようなまちのプラン、こういうふうにした方がいいんじゃないかという提案を書いて、ワークショップなどでご意見をいただくというような活動をしていた時期でした。

小高復興デザインセンターでの働き

そういうことをしている間に南相馬市役所の方と一緒に「**小高復興デザインセンター**」というものを立ち上げることになりまして、2016年から活動が始まりました。住民の方は「デザインセンター」または「センター」というふうに呼んでくださっていました。住民の方々、行政区という集落の集まりですね、そういうものとの連携をしながら未知の状況における実践をしていく、行政と集落が一緒にやっていく、というようなことを掲げて設立しました。私の同期のメンバーの李さんが3年間常駐しながら、あと市の職員の方も一緒にやってくださるというのを、２０１９年３月までやりまして、その後、南相馬市とではなくて、住民の方との活動として今年の３月まで「小高復興デザインセンター」という名前でやってきました。

これまでの活動を手短にご紹介したいと思いますが、特に初期の頃は、まず「まちづくりとして何をしたらいいのかがわからない」ということと、それからそれぞれ活動をやられていた方もたくさんいらっしゃいましたので、その課題をお互いに持ち寄って、連携するような場所、話し合いの場所をまず我々がセットして、活動されている方々をお呼びするようなことをやっていた時期があります。

そのうちに例えば災害公営住宅ですけど、それぞれ津波のあった集落の方から引っ越してくるような方々がいらっしゃって、なかなかすぐにはお知り合いではなかったりもしたので、その空きスペースを菜園にして収穫祭をやったりしました。あとは先ほど家屋の解体の写真が出ましたけれど、家を解体した後は更地のままになり、まちなかに空き地がたくさんできてきます。そういうところを菜園として使えないかと考えました。すぐには帰還できない持ち主の方から土地をお借りして、すぐ撤去できるような大型プランターを置いて、帰ってきていない人の土地で帰ってきている人たちが、菜園ができるようなやり方をしながら、そこがコミュニケーションの場所になるというような形の活動もやっていました。

高校生と一緒にまちづくりを

高校生と一緒にまちづくりの活動をしていた時期もあります。今も続いているＬＬＯ(Live《ライブ》 Lines《ラインズ》 Odaka《オダカ》)という高校生の団体の最初のメンバーです。原町高校と小高産業技術高校、始めたときは小高工業高校でしたけれど、高校生のメンバーが市長へプレゼンするという市の事業がありまして、そのサポートをさせていただいていました。

昨日バンドで演奏していた根本さんの畑に、お邪魔したりとか、いろんな方にお話を聞きながら、何かを考えてもらう。それからこの高校生たちと宮城県の津波被災地に1泊2日で行って、そこでいろんな活動をされてる方とお会いするといったことをやってました。元々小高出身の高校生も2～3人いるんですが、それ以外は小高のことを知らない子たちと、これから小高で高校が再開するから、通学路の点検をして、暗い道のマップを作ったりもしました。

震災という経験があったからだと思いますけれど、この中で3人が今、市役所職員になっていて、この間その3人と僕で飲んだりして、いろんなことを思い出しました。高校のときにした、まちを身近に感じるような経験をもとに彼らの力を発揮する場所があるといいなと思っています。

行政区の活動のお手伝い

先ほど行政区って話をしましたけれど、小高には30を超える集落があります。今我々はまちなかと言われているあたりにいますが、それ以外に、周辺にたくさんの集落が広がっています。海の方の集落と山のふもとの方の集落で暮らしも少し違います。我々は行政区の方々と一緒に活動するということもたくさんありました。

大富という山側の集落に、事故後、耕作をしてない場所がありました。なかなかすぐ帰ってくる人も少ない中で、荒れたままにしておくのがもったいないということで、ひまわりを植えたい、ただひまわり植えるだけじゃなくて、ひまわりの迷路を作って、人

家屋解体中

が来たら、何かお土産を持たせて帰してあげたいという相談が住民の方からありました。その迷路の設計をやってくれという依頼で、我々も迷路の設計はなかなかやらないんですけれど、それを学生が必死にやっていました。虫にさされたりしながら。

次の話は西山さんの方が詳しいと思いますが、塚原の海岸の防潮堤の話になります。元々こんな防潮堤ではなかったので、風景がだいぶ変わってしまったから何かしたいっていうふうに塚原の方がおっしゃって、それでアートプロジェクトというのをやりました。それは、私たちはその最初の企画のところだけをやって、後は西山さんの方におまかせするというような進め方でした。

山側の川房という集落の公会堂というところです。

各集落には集会所があったんですが、川房の場合は、避難指示後は使っておらず、ずっと放っておかれていました。帰っていらっしゃる方と当面帰っていらっしゃらない方がそれぞれいる中で、共同で持ってるものをどうするかというのは意見が分かれるところでもあるわけですね。そこの話し合いをお手伝いさせていただいて、まず建て替える案とそれから修繕する案と、それぞれお示しして、最終的には修繕する、ちょっと増築するということになって、出来上がったところです。その出来上がったタイミングでコロナになってしまって、どういうふうに使われているかまではちょっとわかっていないんですけれど、もしうまく使っていただけていたらいいなと思っています。

神山という集落もありまして、いろいろ風景が変化していく中で、昔の姿を何かしら記録に残したいとおっしゃる方がいて、その方々と一緒に『**神山・今昔**』という冊子を作りました（次頁写真）。昔の写真を地元の方が集め、エピソードを寄せてくれるものを、私たちはまとめるだけという形ですけれど、本当にこういう話し合いをしながら何かを作っていくこと自体も大事です。記録を残すことも大事ですけれど、なにかを一緒に作っている過程が一つのまちづくりになると思っています。

ただまちがあるだけであれば、私たちはいらないというか、まちづくりに関して外から支援がいるという状態は、まちに何かしら課題を抱えているときなんですね。多少の課題であれば、これまでもみんなで話し合って解決してきたんですが、そこに私たちが入る必要があるということは、何かしら課題がある。それまで何十年何百年とかけてできてきた暮らしのシステムが、この原発事故被災によって途絶えたり変質してしまったりした。そこを私たちが関わることで何かうまくいくような状況に寄与できればいいなというふうに思っています。

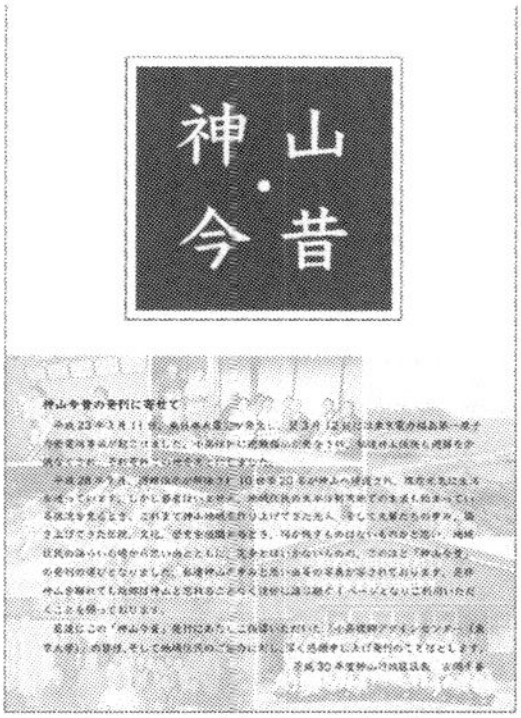

冊子：神山・今昔

最後にちょっと海側の集落の**浦尻行政区**のお話をしたいなと思うんですけれども、浦尻は低地部の「まち」と言われて人々が呼んでる部分と、「やま」と呼んでいるやや高い場所があって、この「まち」の部分が津波によって大きな被害を受けてしまいました。そのエリアは災害危険区域という、人が住めない区域ということになってしまっています。被災前はたくさん家があって、昔の集会所も残っていて、神楽の道具もあったんですけれど、そういうものも全部流されてしまいました。［下記図面］
　そういうところで行政区長さんから「デザインセンターできたけれど、まちなかばっかり考えてないで、こっちの集落のことも考えて」というふうにお声がけいただき、ぜひお邪魔させてくださいってことで、調査をするところから始めました。どこが空き家になっていて、どこがどういうふうに雑草が生えていたりするかというような調査とか、これがどういう事業が計画されているかとか、そういうものを見ながら区長さんと相談しながら、浦尻未来検討会というものを設定して、これからどうすればいいかを話し合いましょうということをしました。

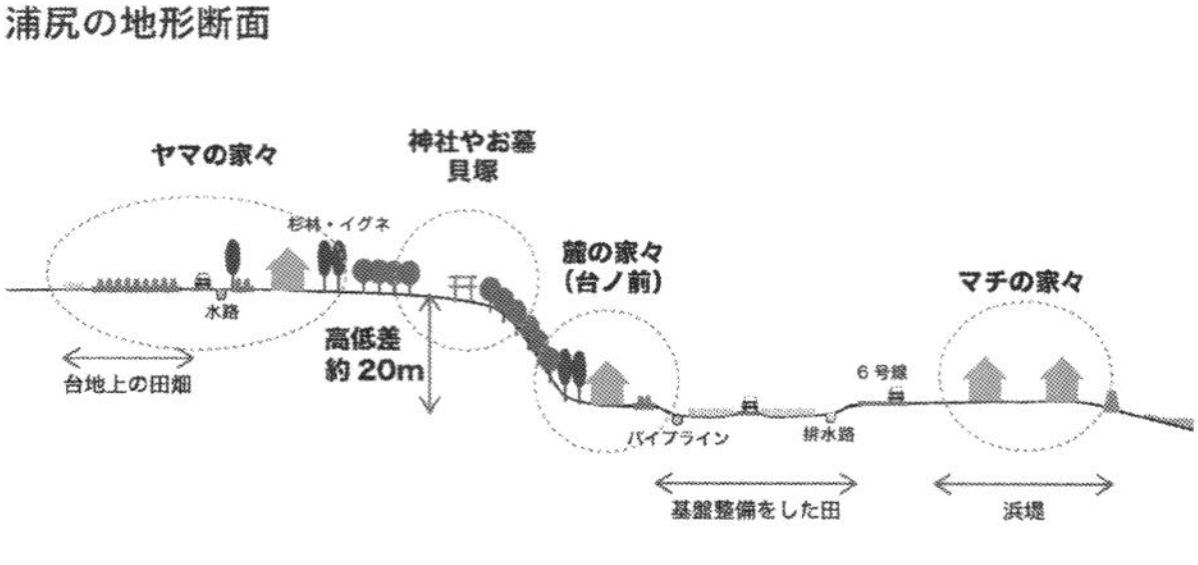

浦尻の地形断面図

いきなり住民の方が集まって、これからの話をしましょうと言っても、想定できない未来の話でもありますので、なかなか難しいです。そこで、私たちが間に入って、今浦尻の土地の状況はこんなふうになってますとか、帰ってらっしゃる方、帰ろうとしていらっしゃる方はこれぐらいいますとか、そういう話をまとめながら、他の地域ではこういう取り組みもありますというような提案を投げかけるわけですね。そうすると、「いやそれはやらない」、「それは違う、そうじゃなくてここはこうなんだ」っていうふうに、意見を出してくださる。その話し合いのきっかけ、考えるきっかけとしての「提案」が、非常に大事だなというふうに思いました。

例えば、私たちは「当面帰ってこない方の土地などの管理が、大変になるかもしれないから、こういうふうにしたらどうですか」というのをご提案したんですけれど、「そうじゃなくてそもそもその人たちがどう思っているか知りたい」というふうにおっしゃっていただいて、それでアンケートをすることになりました。アンケートをしたところ、帰ってこない方々もやっぱり土地が荒れているのは気にされていたようで、管理してくれるなら有償でもぜひお願いしたい、もしくはちゃんと自分で管理するっていう方々もいらっしゃいました。

帰ってきた方々は、帰ってこない方々が放置するんじゃないかと不安を抱えてたんですけれど、そういうふうに思っているなら安心だと実感できました。その後、「**愛護会**」という会を作って、所有者から頼まれた場所を、ただちょっとだけお金を払ってもらって草刈りをする、管理するということをやってらっしゃいます。いろんな集落でいろんなことをやってきたので、それを1つの冊子にして他の集落でも、もし参考になればというふうにお配りしたこともありました。

被災後の記録を残す

あと最後に、現在進行中の話を少しだけしようと思います。

今、小林友子さんとすぎた和人さんと一緒に、この小高でどういう暮らしがあったか、被災からどういうふうに過ごされてきたかを映像で残そうという活動をやっています。私たちももちろんいろんな方にお話を聞かせていただいてきましたが、友子さんが聞くとまた全然違う言葉が出てくるんですね。

やっぱりこの住民同士の話の中で出てくるものって非常に貴重だなと思っていて、また研究としてのインタビューとは全然違うインタビューですけれど、むしろそれが原発事故とは何なのかを理解するための非常にリアルな資料になるなというふうに思っています。そういうものを冊子にまとめたり、映像として上映したりしています。これは小高で上映したりするので、もし機会があればぜひ見ていただきたいなと思います。

左手前が教会幼稚園、
正面奥が小高交流センター

あと、今、伝道所の裏に教会の幼稚園があって、その幼稚園を展示するようなスペースに変えたいと住民の方々がおっしゃっているので、そのお手伝いもさせていただいています。

伝道所と教会幼稚園の位置は、交流センターと和田さんのパイオニアヴィレッジの間にある非常に大事な立地だと思っていて、ここを、人が使える、生き生きとした空間にできるといいなと思っています。というようなところで、以上にしたいと思います。ありがとうございました。

瀬下　社協会館っていう、昔の消防署の裏にあった建物に、2016年に戻って来たら、「**復興デザインセンター**」と書いてあって、一体何をする人たちなんだろう？と思っていました。長老クラスの方々とは密にやり取りをされていたみたいなのですけれど、一般市民からすると、東大のチームらしいけど、何をしているのかな？って思っていました。でも今、双葉屋旅館に小高区の震災を伝える資料などが結構あって、廊下に展示してあるんですけれど、小高区の震災の記録とか、町の昔の記録って語り継ぐところがないよねっていうお話が出て、確かにそうだなと思います。小高教会幼稚園の中の展示にも今後、益邑さんたちのグループが手伝ってくださるということで、震災の当時には考えられなかった、時の積み重ねというか、一人ひとりがやれることをやってきたもので今の私たちの足場が明確になってきているのかなと思います。

さて、これからは、この会場の皆さんとの意見や感想をやりとりする時間となります。それに先んじて、登壇している4人の中でそれぞれの方について、この会場の人に紹介したいこととか、この機会にそれぞれ、伝えたいということを4人の皆様の中で話していただけたらと思います。

自立的に働くこと

蒔田　なんか和田さんにこれをずっと伝えたかったです。スタートは和田さんがその始められたそのガラスアクセサリーの事業がすごくて、すごい、すごい、本当に何か希望だな、みたいなっていうのをすごく感じてるっていうのをお伝えしたかったんです。さっきもおっしゃったように、手に職をつけて、お母さんたちが仕事をしていくっていうところで、最初は老舗のガラスメーカーさん、コーヒーの器具とか作られてるところのHARIO《ハリオ》 Lampwork《ランプワーク》 Factory《ファクトリー》で、最初小高で始まって、そこから「イリゼ」っていう、小高をコンセプトに取り入れたブランドが立ち上がって、そこからその職人さんたちが結構独立して自分のブランドを作って、その中にアトリエを持ってる方もいるし、独立まで行かなくても自分のブランドをされてる方もいて、やっぱりその方たちが主婦であったり、何かお母さんであるっていうところが、なんか私自身が今、家族もいてその中で自分でお仕事をしていく、自分の力で引っ張っていくみたいなのが、しかもそれがすごい好きっていうのがいいなって、ずっと思ってました。

和田　ありがとうございます。そうですね、今、志保ちゃんが言ってくれたみたいに、ガラスの職人を自分たちが育てたから自分たちで囲い込むってわけではなくて、彼女たちが自分の工房を構えたり、独立していくっていうことを推進してるんですね。というのも、僕らさっきの一つの企業に依存しないって話も全部繋がるんですけれど、やっぱり僕ら倒れたら、せっかく育った職人さんたちも共倒れになるのは勿体ないですし、逆に言うと、僕らは永遠に彼女たちにお仕事を与え続けることはできないかもしれないので、やっぱり僕たちの仕事もやってもらいながら自分自身でも自分のブランドを立ち上げたり、他の工房の仕事を請け負ったり、そうやって自立的に働いていく、そういった人たちを増やしていきたいなと思ってそんな形にしてるんですけれど、いろいろうまくいったりいかなかったりってのもあります。はい、ありがとうございます。

何が原動力か

西山　紹介でも、聞きたかったんです。益邑さんにデザインセンターの活動を先ほど紹介いただいた塚原の海岸とプロジェクトにご一緒させていただいて、その時点で２０１９年の夏、お盆に元々の塚原の住民の方たちがこれを機に戻ってきてこれを見に来てくれたり、あとアートフェスティバルみたいな形でいろいろワークショップをやるのをおじいちゃんたちが考えてくれたりっていうところで、それぞれみんなの手形を陶器にして、今飾ってあるんですけれど、そういうことをやってたんですけれど、その当時でさえ、私が来た２０１８年の後、２０１９年にこれをやったと思うんですけれど、１年以上このために話し合いを重ねて、毎週その塚原の公会堂と集会所に行って、いわゆるお菓子を食べながらお話を聞くっていうことを結構やって、私はそこのプロジェクトの一つに関わらせてもらっただけでも結構根気のいる作業というか、皆さんが言ってるお話を一応集約したりとか、それをまとめて出したのを資料にしたりとか、なんかそれはすごい大変だなって、それをいくつもの行政区でやられてたじゃないですか。当時、特に何かそれって自分の研究ってこともあるかもしれないんですけれど、個人個人それぞれ思いがあると思うんですけれど、益邑さんがやっていく中で、何か芽生えた小高への想いっていうか、個人的なことでいいんで、何がどういうのが原動力だったのかなってすごい気になってました。

益邑　原動力……。私たちは、まちづくり、都市計画を学んでいたので、人が暮らす空間をどう計画するかということを、授業では学んでいたんですけれど、全然そういう状況じゃない。都市計画は、例えば20年とか50年とか100年先のことを考えますけれど、そういうスケールではちょっと考えられない時期にいましたし、今、浦尻の愛護会ができていい感じ、と言いつつ、それが10年後にはどうなるかわからない。またそこでもう1回考え直さなきゃいけない。でも、今までもそうやって何回も何回も考え直しながら続いてきたんだとも思います。小高でそういうことを肌で感じる中で、それにやりがいはすごく感じてました。

かつ、そういうことをきめ細かく、考えながらやらなきゃいけないけれど、外から来て考えながら関わるのは研究者や学生という立場は意外とやりやすいかもしれない。研究グループであれば、ある程度人が入れ替わりつつずっといられますし、かつ、地元の人からお金をもらわなくても大丈夫です。まず話を聞いて、何が必要か考えて、自分たちに足りないものであれば、他の専門家に繋ぐことができたりするなど、私たちにできることもあるかなと思ってやっていました。でも逆に私たちができなかったこともたくさんあって、そのあたりのご批判があればそれもちゃんと受けなきゃいけないないと思いながらやっています。

18歳へのメッセージ「さぁ、行っといで。」

Aさん　皆さん、今年の3月ぐらいですかね、南相馬市内のあちこちに、「さぁ、行っといで。」というポスターが貼られていたのをご存知ですかね。18歳になった子たちに祝い金として5万円を市があげるっていう事業なんですが、子ども家庭課の事業なんですけれど、あれのプロデュースをしたのが里佳さんなんですよ。これ、ものすごくSNS

上で拡散されて、日本中の人が、これすごくいいね、いい事業だねって、大体子どもたちはどの地域も、子どもたちを地域の外に行かせないように、ここの地域で子育て環境はいいんだよって生まれたときはいろんなお金を出したりするけれども、出ていくときには何もやらないっていうことに対して南相馬市は子どもたちが成長して社会に入れるのをそこにお金を出してお祝いしてあげるって、これすごいよねっていうことで、すごく日本中で話題になったんですけれど、これができた経緯とかエピソードとかちょっと、ぜひ皆さんにお話しいただきたいです。

西山　ありがとうございます。まさに和田さんにも出ていただいて、ラーメン屋さんだったり、図書館の司書さんだったり、当時の幼稚園の園長先生にもインタビューして、18歳の子たちに対して応援するメッセージをくださいっていうことでインタビューしたものを私がまとめたものをコピーにしてるんです。震災のとき、幼稚園の年長さんだった子たちは高校の卒業を迎えていて、この園長先生の話とかにすごい感動して、卒園式ができなかったけれど、そういうのを乗り越えてきた、震災のとき大変だったことを乗り越えてきた子たちだから今後何があっても大丈夫ってことを、今思い出しても泣きそうになっちゃうようなことをおっしゃってくれたりとか、皆さんすごくいいこと言ってくれました。これをやるとき、やっぱり先ほど話した私の18歳のときにここを出て行った経験ってのがすごい反映されていて、こういうふうに送り出して欲しかったと、そしたら戻ってきたねみたいに思って来てるんですけれど、結果、でもやっぱり何か自分が、それこそどんどん子どもたちも少なくなって、移住者を皆さんいろんな自治体で移住者の取り合いをして、その人口減少して子どもたちも少なくなってる中で、それで取り合いしてるだけでどんどんギスギスした日本になっていくしかないじゃないですか。

だけど、やっぱり私も東京に出て思ったのは、地元と東京と違う何かを、ふとしたときに傷ついたり、何かこう壁にぶち当たったりとかしたときに、地元の景色が思い出されたりとか、なんかご飯食べたら、福島のお米を食べたらやっぱり美味しくて元気になるとか、何かそういうことってすごい身体的な感覚で本当に大事なんじゃないかなと思っています。だからそれを感じられるように写真も風景と一緒に、その人とその風景を一緒に撮らせてもらって、和田さんを、これはあの村上海岸の防潮堤に朝6時半ぐらい寒い日に呼び出して、撮ったやつなんですけれど、やっぱりこれは朝日があそこの場所だからこそ、あの朝日を見るっていうことはすごく初日の出もみんな他も幸せに行ったりしてるだろうし、この場所で朝日を見ながら、この未来を作ってる和田さんっていう人からメッセージをもらうっていうこのシチュエーションがすごいとか、いろいろ本当に細かく考えて作ってあります。

今年度もいよいよ始まって、今、人選をしているところで、なんか結構これデリケートな話で、ただ高校生が立ち寄る場所じゃなくて、やっぱり地域全体で応援してるよっていうところを伝えたいので、関わりがない人とか、あと実は陰で支えてくれてる人とか、何かそういう人たちもちゃんと取り上げたいなと思ってて、やっぱそこはすごい大事なところなので今やってるところです。はい。また3月卒業シーズン2を発表できると思うので、もしよければ皆さん見ていただけたら嬉しいです。

瀬下　ありがとうございます。先ほども言いました**アーティストインレジデンス**で第1回目に参加してくださった方も、私たちの南相馬アーティストインレジデンスのツイッターやインスタグラムのアカウントを今でも追っかけて見てくれています。彼女が来てから2年ほど経っていますけれど、「**行っといで。**」の記事を自分の友人知人にまた広めて、「私が行った町でこんな素敵なプロジェクトをやっている。行政がこんな企画をやるなんて、普通考えられない」と、コメントをしてくれて。実際に小高に来ていただいた人たちとは、今でも繋がっているなと感じています。

皆に情報が届くために

Bさん　それで3分間ですが、和田さんは本当に発信者として再生の先駆者的な役割で、和田さんがいらっしゃらなかったら、本当にどの程度の発信になってたかっていうのはもうわからないことだと思います。

その他、今日出席していただいた方、登壇していただいた方、それぞれの立場で発信していただいて本当に感謝しているような次第です。ただ私ちょっと性格が意地悪でしょうかっていう部分があって、ふとした言葉のところで、経済的合理性を考えると非常に心待ちなんかしてもしょうがないんじゃないかっていうお話をされたと思うんですけど、これは本当にごく少数かなと思ってます。

それと、この言葉の端からとらえちゃったんですが、たかだか戻っても3、000から5、000人っていうお話もあったんですけれど、これはその後に、「されど」っていう言葉がつくんじゃないかなって、私は本当にこの人たちを大切にしなくちゃいけない、3、800人から徐々にでも戻していくっていうのは一つの姿だと思います。ですので、「されど」良い形でしていただければと思います。実際に高齢者がここ50％近いってお話でした。そうすると、3、800人のうち1、900人ですよね、単純に割ると。ということは、ここにはこの視点が必ず必要なんですよね。

蒔田さんがこの町に来て、不便をほとんど感じなくなったとお話がありましたけど、高齢者にとっては、決してここは便の良い町ではありません。私も高齢者の仲間に入ってます。これで、車で自由に動けるんだったらいいですけれど、ここには**ドラッグストアもない**。これももう耳にタコができるほどしているんですけれど、それから**スーパーもない**、病院だって**歯医者さん1軒**です。これだけ口腔衛生が大事だって言われてるのに、歯医者1軒です。ですので、**社会インフラ**のところで徹底的に実は不足しているんです。なので、その辺をもうちょっと頭に入れていただきたいと思うんです。ここには和田さんたちが一所懸命やってるのも、ただ高齢者から見ると、なんかクローズドっていうふうに見えちゃうんですね。ですので、せっかくいいものを発信されていらっしゃるので、私たち以上の高齢の世代に対しても、何か良いものをやってるんだから、もうちょっとオープンに私たちはこういうことをやっております、という何か発信の仕方を考えていただければと思います。

和田　ありがとうございました。最初の2つのお話についても全くその通りだと思っていて、だからこういうふうないろんな事業を作ることで、もちろん人口も増えていければいいと思ってますし、そういうふうに思いながらやらせていただいております。発信の件なんですけれど、これはそういった声は結構日常的にいただくんですが、例えば僕もさっきの起業家のところで言うと、年に3回、全戸配布して活動報告させていただいたり、あとは1年分まとめて活動報告の冊子を作って、配布させていただいたり、あと住民の皆様向けの報告会、今年も3月に**浮舟文化会館**でやらせていただきましたけれども、そういうことはやらせていただいているんですね。ただ、もちろんそういった情報が届かないっていうのは僕らの伝達の力不足っていうところはあるんですけれども、何か詳しく聞きたいってことがあれば呼んでいただければどこにでも行きますし、そうですね、決して別にクローズにしてるわけではなくてですね、それぞれ起業家にしてもいろんな僕らの事業にしても、事業をやっている人たちの周辺の中では非常に応援してくださってる人とか、例えば「haccoba（ハッコウバ）」って酒蔵をそこに作った若者たちがいますけれども、そこは小高の四区にあるっていうのもありまして、四区の方々中心に、交流の機会を作ったりもやったりしているんですけれども、地道にやらしてもらってはいるので、そこだけはお伝えさせていただきたいなと思います。

Cさん　例えば、私の認識違いだったらご容赦いただきたいんですけれど、大きな看板がありますよね。目に見えるっていうのはそういうことで、**小高ワーカーベース**と見える看板、あるいは少しいったらパン屋さんもありますけれど、そういった本当に誰が見ても、これ何屋さんだろうかと、そういうことを、今まずはその辺からでもできるんだったら、これなんだねっていう形でちょっと着目し、もっと住んでる人たちにアピールしてもいいんじゃないかなと思います。

瀬下　はい、ありがとうございます。これは、和田さんに要望を出すというより、周りの人たちも立ち上がって取り組んで頂きたいことだと私は思います。やはり高齢年配者と若年層の方の活動の繋ぎ目っていうのは一つ課題にはなっていると見えてはいるんですが、そこを誰が担ってくれるのかとか、繋ぎ役になってくれるのか、どっちにも精通していないと情報は届かないと思う。すいません、差し出がましいこと言いましたが、あとまだちょっと時間あります。

子どもたちの視野を広げるとりくみを

志賀　小高町出身の志賀と申します。本来は明日話すべきことなのかもしれませんが、明日自分はいないんで、ちょっとこの場を借りて話させていただきたいんですけれど、蒔田さんのお話で、地元の高校生と商品開発をして、それが合ったたっていうことを聞いて思ったのは、その小高産業高校でも原町高校でもいいんですけれども、その中で起業家を育てるようなサークルを作ってもう高校を横断的に一緒になって商品開発もやってるのかもしれませんけれども、現場を見せれば、自分も起業家になりたい、ここでやってみたいっていう若い人が増えてくるんじゃないかな。それでそれが実現できれば、ちょっと東京で修行して、また戻ってきて、俺も起業家になる、何かやるっていう人が増えるんじゃないかなってね、思ったんです、それが一つです。あとですね、自分は東京の方で、今悩んでる子どもたちの声を電話で聞くボランティアを、たまにやってるんですけれども、やっぱり共通して言えるのは、その家とか、あの学校に囲い込まれてがんじがらめになって、ものすごい視野が狭いんですよね。その中で自分を追い詰めていく。あと発達障害の子、普通の学校に通ってるくらいの子で、やっぱり自己評価ものすごく低いっていう子がいまして、とにかく視野が狭いとか自分の世界が狭い世界の中で自分をおとしめていくっていうのがね、大体共通してあるんですよ。ですので、これはいろんなところでやってることではありますけれども、そういう子どもたち、そういう子どもたちだけの限定じゃないんですが、小高、原町でもいいんですけれど、ホームステイしてもらって夏休みとかね、そういう休暇に、前は震災直後はここの子どもたちが保養に行きましたけれども、逆にこっちの方に保養してもらうっていうそういうやり方、ただ小高っていうイメージが外側の人はどのくらい持ってるのかわかんないんでそれはちょっと不安ではあるんですけれども、そういうのもあり得るんじゃないかなと思いました。はいこれを提案させていただきます。

蒔田　ありがとうございました。今のお話でも、お話しできればと思ったのが、さっきのタピオカの商品開発あるいは小高産業技術の子たちが**インターン**ですね、**職業体験**みたいなのが学校の中で始まった企画であったんですけれど、あれはインターンで、3日間で終わりみたいなところが、そこで出た相手様と半年ぐらいかけて、そのインターンに来てなかった子を巻き込んだりして、やった企画でした。

今日も言ったようにその高校生の声を本当にそのまま形にするっていうところをあのプロジェクトはすごく大事にしました。結局、なんか高校生のことを知りたいみたいな感じで、何かワークショップとかってあってアイディアを聞いたりとか、何か場所作りみたいなとかってあると思うんですけれど、結構それを大人がこうした方がいいんじゃないかとか、勝手にというか大人のよかれがすごく出る場合があって、なんか高校生の言ったことって本当に高校生たちが満足する形になってるのかな、本当にそもそも高校生にって言われて必要にしてるんだっけみたいな、その居場所を作るっていうことは、大人たちの想いではないか、それは悪いこととかでは全然ないと思うんです。そういうところが大事なんじゃないかなっていうのは日々思います。そのためには高校生との信頼関係とか、その普段関われないじゃないですか、やっぱりちゃんと心を正直に話してくれるとか、そういうところがすごく大事だなっていうのと、あと**小高産業技術高校**は実は**スーパーハイスクール**っていうのに指定されてまして、さっきおっしゃってたような起業家を育てるっていうところではないんですけれど、里佳さんのところにも高校生が行ったりとかして、そういう地元で働いてる人のところにどんな仕事してるのかを見に行ったり、あとは外部講師として授業をしたりとかするっていう仕方をしてるんですね。

ただそれを、国の予算でスーパーをいっぱい造るって、全国によって、東北では産業技術だけ、東北、県内だけかどっちか忘れたんだけど、それもやっぱり予算とかで多分今年で終わり、多分3年前に実はもう始まって、何かそうやって教頭先生とかもすごくそれで地元の方と関わりながら商品開発したり、アイディアのお話を聞けるとすごくいって言ったけれど、もう次、継続するかわからないっていうお話を聞いていて、なんか結局そこだよなと思って、なんかそれがお金がないからやめるんだったらもうなんかな、どうなんだろうってすごく思うのです。

もしかしたら自分の子どもがここで高校生になっていくかもしれないって言ったときに、そうした教育があったらなって思うんですけれど、そこにお金かけてくれるのかなっていう不安とか普通に思ったりします。ただそうした政策とかを通してすごく子どもたちに向き合ってくださる教員の方とか、あとはやっぱりいろんな大人の方がいる、子どもは少ないと言われるんですけど、裏を返せば、いろんな大人の人が近くにいる環境だなと思っていて、なんかそれはすごくいいなって思ったりしています。

瀬下　私からも最後に、この後、午後6時から「遊び場ラシクル」で、「**相馬流れ山踊り**」と、「**相馬二遍返し**」を、小高郷相馬流れ山踊り伝承保存会が披露します。ここに私も入っておりまして私も踊りますので、ぜひぜひ見に来てください。小高の民俗芸能にも関心を持っていただければと思います。

パネルディスカッション2「小高の再生を語る」、午前9時から2時間半にわたって長い間ですが、とってもいいお話を聞けたと思います。登壇者の4名の皆様に拍手をお願いいたします。ありがとうございました。

飯島 信　本当にもう素晴らしい話でした。昨日は、かなり深刻な現実を示されて、我々はこれからどうやっていったらいいんだろうというぐらいのことを考えていたんですけれど、今日はもうまさにそこに生きて、そして遊びという、そういうような話であって、本当にありがとうございました。あと司会の瀬下さんがみんなの声をつくってくれて、本当にそれは小高を愛して、小高教会幼稚園を愛して、そういう中で楽しみながらやってるという**小高夏期自由大学**で素晴らしい看板も彼女が書いてくれて、本当に素晴らしいですね。皆様ありがとうございました。

「小高郷相馬流れ山踊り」

写真：YouTube 福島県公式チャンネル
『ふるさとの祭り 2021 ～民俗芸能の復興を目指して～』
小高郷の相馬流れ山踊

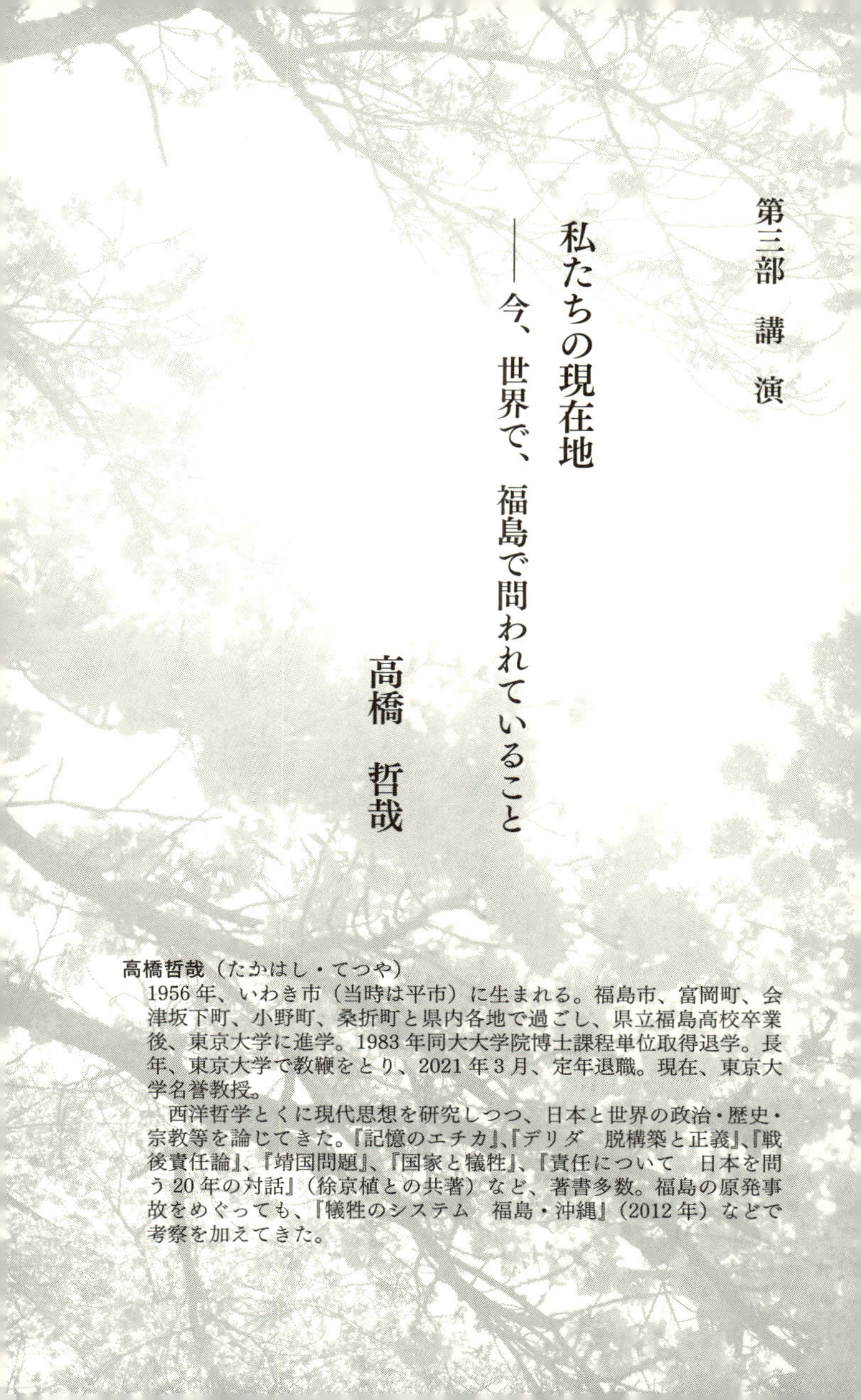

第三部 講演

私たちの現在地
——今、世界で、福島で問われていること

高橋 哲哉

高橋哲哉（たかはし・てつや）
1956年、いわき市（当時は平市）に生まれる。福島市、富岡町、会津坂下町、小野町、桑折町と県内各地で過ごし、県立福島高校卒業後、東京大学に進学。1983年同大大学院博士課程単位取得退学。長年、東京大学で教鞭をとり、2021年3月、定年退職。現在、東京大学名誉教授。
西洋哲学とくに現代思想を研究しつつ、日本と世界の政治・歴史・宗教等を論じてきた。『記憶のエチカ』、『デリダ　脱構築と正義』、『戦後責任論』、『靖国問題』、『国家と犠牲』、『責任について　日本を問う20年の対話』（徐京植との共著）など、著書多数。福島の原発事故をめぐっても、『犠牲のシステム　福島・沖縄』（2012年）などで考察を加えてきた。

はじめに――福島と私

基調講演の役目を仰せつかりましたので、僭越ながら80分ほどお時間をいただきたく存じます。

さきほど申しました通り、私は福島県で生まれ育った人間です。皆さんお持ちの「しおり」のプロフィールにも多少出ておりますし、あるいは、私の『犠牲のシステム　福島・沖縄』という本を読んでくださった方は、ある程度ご存じかと思いますが、まずは自己紹介をもう少し、私が「福島県人」である所以のところをお話ししたいと思います。

私の両親は福島市の人間でした。両親が亡くなるまで、というのは、今から30年ほど前までになりますが、私の実家は福島市にありました。ですが、父の仕事の関係で、「しおり」にありますように、県内各地に住んだのです。私の父は、じつは東邦銀行の行員でした。小高駅からここまで来る途中に、小高支店があります。双葉屋旅館のお隣さんみたいなところです。私が子どもの頃も、場所は分かりませんけれども小高支店はあったでしょうから、私は小高町民だったことも十分にありえたわけです。

　生まれたのは「旧平市」とありますが、これは平市内の病院で生まれたので、戸籍に「平市で出生」と書いてあるだけで、住んでいたのは、当時の行政区分で言うと「磐城市江名」でした。「磐城市」というのは合併前の「磐城市」ですから、ひらがなではなく漢字の「磐城市」。県立「磐城高校」の「磐城」です。調べてみると、この「磐城市」も、もちろん中心は小名浜でしたが、私が生まれる2年前に合併してできたばかりの自治体でした。合併前の江名は「石城郡江名町」。ただし、こちらの「いわき」は、「石」の「城」と書いて「石城」(いわき)。昔は「岩」の「城」と書く「岩城」(いわき、いわしろ)もありました。いろんな「いわき」があって紛らわしいので、最後はひらがなの「いわき」に落ち着いたのかもしれません。

高橋哲哉氏

　江名というところは、かつては県内有数の漁港でした。私が生まれた頃は人口が今の2倍もあったようです。東邦銀行江名支店があったわけです。私は1歳までしか江名にいなかったので、全く記憶はないのですが、震災と原発事故の後、5月になってから、初めて江名を見に行きました。後からまた再度、行ってみました。江名の街は、港から高台に向かってあるのですが、ちょうど後片づけが盛んに行われていた頃でした。銀行の支店はずっと前になくなっていて、跡地にATMがあるだけでした。いま「汚染水」の海洋放出が大問題になっていますが、これから江名がどうなっていくのか、浜通りの漁業がどうなっていくのか、気になっています。

江名の後、私と両親は1年間だけ東京の東中野に住みます。私が1歳の時です。この事情は両親が亡くなってから、ずっと後になって分かったのですが、この頃、私の父は地方銀行の労働組合の全国組織の副委員長を務めていたのです。当時の文章を読むと、熱心にいわゆる「民主活動」というのをやっていた。ただこれが、いわゆる「逆コース」の果てに潰されていく。父は生前、組合活動のこと、ついでに言えば、敗戦を台湾で迎えた経緯も、まったく語りませんでした。すべて後から知ることになったのです。

東京からいったん福島市に戻って、そこから富岡、会津坂下、小野、桑折と回って、最後また福島市に戻ります。私は5歳から8歳まで富岡に住んで、富岡第一小学校に入学したのです。街中が遊び場でしたから、至るところに思い出があります。家の裏山、学校の校庭、当時のメインストリートの周辺、当時の風景がありありと記憶に残っています。もちろん当時はまだ、第1原発も第2原発もありませんでしたが、双葉町と大熊町が誘致決議をしたのは1961年の秋。福島県や東京電力は、私が富岡にいた頃、すでに調査研究を始めていたわけです。子どもにはもちろん知る由もありませんでした。震災後に富岡に初めて入った時は、JRの駅舎は津波で粉々、小学校の校門の石の柱は倒壊、窓から覗いた職員室は3・11のままで時間が止まっていて（これは小高教会幼稚園と同じでしょう）、夜ノ森の桜並木のほとんどは立ち入り禁止になっていて、等々、大きな衝撃を受けました。

南相馬には、発災の約一か月後、4月17日に、川俣町の山木屋地区、飯舘村を通って、原町区まで来ましたが、小高区には入れませんでしたので、相馬市の方を見て回りました。その後、小高で日中の活動が認められるようになってから、友人の車で小高まで来て、津波の被害を受けた浦尻地区を見ました。友人というのは明日の夕方から参加する予定の渡部純さんです。その時に見た光景が記憶にあったので、志賀泉さんの『百年の孤舟』を拝読したときに、あの「島尻」というのは浦尻のことだろうと、イメージが重なったのです。

個人的な話はこの辺にしたいと思いますが、お分かりの通り、私は浜通り、中通り、会津、3つの地域すべてに、子どもの頃の想い出を持っています。県外で福島出身だと分かると、「福島のどこですか」と聞かれます。私は答えに窮してきたのですが、あえて言えば「総合的な」福島県人かな、と思っています。

そんな人間ですから、あの3・11、菅直人首相が「原子力緊急事態」を宣言したとき、私が何を思ったかと言いますと、正直、「私の過去がなくなってしまうかもしれない」と。「福島県が日本地図から消えてしまうかもしれない」と。その気持ちが大げさでなかったことは、当時の菅首相、近藤駿介原子力委員会委員長、吉田昌郎第一原発所長が、それぞれ「東日本壊滅だと思った」と証言していることからも、言えると思います。私はいわゆる事故の「風化」、あるいは、あの事故を過小評価していく傾向に対しては、このことをつねに想い起こすべきだと言ってきました。「東日本壊滅」にならなかったのは、いくつかの偶然が重なったから、に過ぎないのではないかと。

そういう大事故によって、小高もいったんは人口ゼロになった。それでも、2016

年7月の避難指示解除以後、戻った人たちと、新たに移住してきた人たちとで、現在、しっかりと復興を始めている。いったんはゼロになるという、常識的には絶対のマイナス状況から立ち上がって、自分たちで新たな街づくりができると、以前の歴史・伝統も継承しながら、新しい街づくりに挑戦されている小高の皆さんに心から敬意を表して、この辺で本論に入りたいと思います。

原発推進の軍事的背景

この「小高夏期自由大学」の「目的」は、「小高復興の現在地を知り、脱原発と平和への道筋を描きつつ、内外との交流を深める」となっています。「小高復興の現在地を知る」。これについては、私は小高以外から集った皆さんとともに、小高の皆さんに教えていただく立場です。「内外との交流を深める」。これも、これから3日間を通して、私もその輪に加えていただきたいとお願いする立場です。「脱原発と平和への道筋を描く」。これはもちろんとても大きな課題で、これから私たちそれぞれに担っていく課題かと思いますが、私の「基調講演」の役割としては、やはりこの点について私見を述べて、皆さんの参考にしていただくことかなと考えました。

「**脱原発**」と「**平和**」。この2つのものは本質的に結びついていると考えたいのですが、じつは、「原発」こそが「平和」の名のもとに推進されてきたわけです。発端は、1953年12月8日、アメリカ・アイゼンハワー大統領が国連総会で行なった「atoms for peace」演説。「平和のための原子力」演説。これによって現在のIAEA（国際原子力機関）が設立され、「核の平和利用」の名のもとに、世界に原子力発電が広がっていきます。しかし、「平和利用」と言いながら、その背景には「冷戦」つまり「冷たい戦争」があったわけです。アメリカが同盟国や友好国に濃縮ウランを供与することにしたのは、ソ連が社会主義圏で原発技術を共有しようとしていたことへの対抗措置でした。アイゼンハワーは「核兵器の削減や廃絶以上のものを求めていく」と演説しながら、アメリカは核実験を続けていたわけですね。「atoms for peace」と言いながら、それ自体が「cold war」の文脈における一つの戦略であった、ということです。

アイゼンハワー演説を受けて、日本で原発導入を主導した政治家は、ご存じ中曽根康弘、後の首相でした。中曽根氏は何度も語っています。「戦争中海軍に動員されて高松にいた時、広島の原爆雲を見た。この時私は、次の時代は原子力の時代になると直感した」（『原子力開発十年史』等）。はて、高松から広島のきのこ雲が見えた、というのは本当でしょうか。１５０キロぐらいあります。こういう証言は他にありません。他方、中曽根氏が広島に原爆が投下されたと知った時、「次の時代は原子力の時代になると直感した」。これはありうることです。ただし、この場合の「原子力の時代」というのは、原爆投下を知って直感したわけですから、間違いなく「**原爆の時代**」ということでしょう。この時点で「原子力発電」が思い浮かぶとは考えにくい。つまり中曽根氏は、自分が「先見の明」をもって日本への原発導入を主導したと自慢しながら、じつは軍事力としての原子力、これが狙いだったことを問わず語りに漏らしてしまっている、ということです。

　この問題で重要なのは、２０１０年に秘密指定が解除されて開示された外務省の文書「**わが国の外交政策大綱**」です。日本政府は１９６０年代後半、核不拡散条約（ＮＰＴ）の発効を控えて、極秘に核武装の可能性を検討したことが明らかになっていますが、１９６９年に外務省内の外交政策企画委員会がこの文書を作成しました。「核兵器については、ＮＰＴに参加すると否とにかかわらず、当面核兵器は保有しない政策をとるが、核兵器製造の経済的・技術的ポテンシャルは常に保持するとともに、これに対する掣肘《せいちゅう》をうけないよう配慮する」。この時の会議録には、当時の外務省国際資料部長、鈴木孝氏の発言が記録されています。「高速増殖炉の面で、すぐ核武装できるポジションをもちながら、平和利用を進めていくことになるが、これは異議のないところだろう」（１９６８年11月20日）。つまり、核武装のための「経済的・技術的」能力をつねに保持しておくために、原発推進政策をとるということです。

このことは、第一原発の事故の後、石破茂氏、当時の自民党政調会長の発言によって確認されました。石破氏は、脱原発の世論が高まるのを牽制して、こう述べたのです。「原発を維持するということは、核兵器を作ろうと思えば一定期間のうちに作れるという「核の潜在的抑止力」になっていると思っています。逆に言えば、原発をなくすということは、その潜在的抑止力をも放棄することになる、という点を問いたい」。原発をやめれば、潜在的核抑止力も放棄することになる、つまり、いつでも核武装できるという能力を放棄することになるけれども、それでもいいのか、というわけです。電力会社とは違う国家の論理、国策としての原発推進の論理には、このことが含まれているのです。この観点からすれば、原発は核の平和利用というけれども、じつは**潜在的な「軍事力」**であるわけです。ですので、私たちが脱原発を実現しようとすれば、この軍事の論理とも対決しないといけない。原発はじつはコストがかかるとか、再生可能エネルギーに転換可能だとか、電力会社を相手にするだけでは済まない。また、「核武装には反対だけれども、原発は必要だ」という立場は、潜在的に核武装を認めることになってしまうのです。この意味で、脱原発の道筋と平和の道筋はやはり結びついているわけです。

「犠牲のシステム」とは何か

次に、以上のことを踏まえた上で、あえて原発から軍事的側面を切り離して、「平和利用」とされる限りでの原発、つまり、電力生産装置としての原発について考えてみたいと思います。私たちが普通考える「原発」はこれです。電力生産システムとしての原発です。3・11で大きな衝撃を受ける前、私もある程度は、原発が危ういものであることを知っていました。もちろん皆さんと同じように、チェルノブイリの事故の報道に接していました。そのうえ、**プルトニウム・アクション・ヒロシマ**という小さな団体の代表をしながら、国際的なネットワークにつながって反核運動をしていた大庭里美さん。残念ながら2005年に50歳で急逝されたのですが、私は広島に行くたびに彼女から、原発批判を何度も聞いていました。原発反対の活動で彼女がどれだけの嫌がらせを受けてきたかも聞いていました。それでも私の中で、原発問題の優先順位は高くなかった。真剣に考えなかった。無意識のうちに「日本の原発は大丈夫だろう」と油断していた。まして、自分の故郷で大事故が起きるとは思ってもいなかったのです。3・11によって初めて、私は原発を「犠牲のシステム」として捉えるようになり、それによって初めて、脱原発の方向性を明確に支持するようになったわけです。

「**犠牲のシステム**」とは何か。私の本には一応「定義」みたいなものを書いておきましたが、別に難しいことではありません。とりあえず、「誰かを犠牲にして利益を上げるシステム」、あるいは「誰かの犠牲がなければ維持できないシステム」と思っていただければ十分です。では、「誰か」の「何」が犠牲になるのか。生命、財産、健康、日常生活、人間としての尊厳、生きる希望、そういうものが犠牲になる。そしてこの犠牲は、隠されているか、または、国とか国民とか、社会とか企業とか、そういう共同体にとっての

「尊い犠牲」として美化されたり、正当化されたりしている。この隠蔽や正当化ができなくなり、犠牲の不当性が告発されても、多くの場合、犠牲から利益を上げてきた者たちは、自らの責任を否認して、責任から逃亡する。こういうわけです。

「犠牲のシステム」の分かりやすい例は、戦前戦中の日本の国家体制でしょう。学校教育を通して「教育勅語」が徹底的に教え込まれました。「いったん緩急あれば、義勇公に奉じ、もって天壌無窮の皇運を扶翼すべし」。すべて国民は天皇の国家の臣民であるから、国の危機には義勇心を発揮して、命を捨てても天皇と国家のために尽くしなさい」と。この教えを忠実に実行したのが、日本軍の戦死者です。ですので、戦死者は国のための「尊い犠牲」として靖国神社に祀《まつ》られて神になる。英霊と呼ばれて全国民の模範になり、敬意と感謝を捧げられる。つまり戦前戦中の日本は、国として「犠牲のシステム」であることを公然と掲げていたわけです。

戦後はこれが否定されます。日本国憲法13条。「すべて国民は個人として尊重される。生命、自由及び幸福追求に対する国民の権利については、公共の福祉に反しない限り、立法その他の国政の上で、最大の尊重を必要とする」。これが、国民の基本的人権を国が尊重しなければならない根拠になっている。国民が国のために犠牲になること、ましてそれを美化したり、神聖化したりすることは認められないことになったわけです。ところが、戦後日本にも、事実上、「犠牲のシステム」があった。3・11の前、私はまず沖縄の米軍基地問題について、日米安保体制は沖縄の犠牲なしには成り立たなかったという意味で、「犠牲のシステム」という言葉を使うようになったのです。

安保と原発——戦後日本の「犠牲のシステム」

日米両政府は沖縄に米軍基地を集中させて、「本土」の基地負担を肩代わりさせることによって、「本土」の有権者から日米安保体制への支持を調達してきました。その後、私は、安保体制という以上に、憲法9条を含む戦後日本の安全保障政策全体が、沖縄を犠牲とする「犠牲のシステム」だったと考えるようになりました。1947年9月のいわゆる「天皇メッセージ」。まだ占領下、しかし新憲法がすでに施行された日本で、昭和天皇がマッカーサーに、米軍による沖縄の占領を「25年もしくは50年もしくはそれ以上にわたって」続けてほしいと伝えました。そして、米国政府から日本再軍備の打診を受けたマッカーサーが、「沖縄を軍事要塞化すれば、日本は非武装でも守れる」と言って、日本再軍備を拒否していた事実。これらのことから考えていくと、憲法9条が戦後日本で維持されてきたのは、沖縄の基地化、軍事要塞化があったからではないかと思われてくるわけです。

しかしながら、戦後日本の「犠牲のシステム」は、安全保障政策だけではありませんでした。原発もまたそうでした。戦後日本は安全保障とエネルギーという現代国家を支える二つの国策を「犠牲のシステム」によって進めてきた。原発という電力生産システムは、誰かの「犠牲」を組み込んでしか成り立たない。この「犠牲」には、少なくとも**4つの位相**があると私は考えます。**第一**に、事故とりわけ過酷事故によって生じる犠牲、**第二**に、原発内部での被曝労働による犠牲、**第三**に、ウラン採掘現場での犠牲、**第四**に、放射性廃棄物から生じる犠牲、この4つです。

第一の、過酷事故によって生じる犠牲の大きさ、深さについては、あらためて語るまでもないでしょう。ここ小高の皆さん、そして福島の被災者の皆さんが一番よくご存じのことです。ただ最低限のことだけ確認しておけば、福島県内外への避難者は最高で

16万人以上、膨大な数の人びとが故郷を追われ、生活を奪われ、仕事を奪われ、健康を損ない、土地などの財産を失い、人間としての尊厳や生きる希望を打ち砕かれる、そういう状況に置かれました。残念ながら「取り返しのつかない」被害が生じてしまった。こういう言い方をすると、胸が掻きむしられるような思いになりますが、そう言わざるを得ないと思います。現在でも、「復興」の努力の一方で、被害は続いています。

第1原発事故で生じたこの甚大な被害が、脱原発に向かう一つの大きな動機になることは言うまでもありません。こうした事故を起こしてはならない、まさにそうした動機から、福島の後に脱原発に動いた国があります。ドイツやスイスがそうです。ドイツではウクライナ戦争によるエネルギー危機から、原発維持の世論が高まったのですが、現政権のリーダーシップで今年の4月、残っていた原発3基が送電網から切り離されました。ところが日本では、今や原発再稼働どころか新規増設まで含めて原発推進が政府の方針になっています。まるで、今回のような事故は最初から織り込み済みだった、とでもいうかのようです。福島の被害にはある程度の対応をすればよい、それはやむを得ない犠牲であって、原発推進の方針はそれによっていささかも変わらない。この現状は、原発が「犠牲のシステム」であることを雄弁に物語っているように思えます。

とはいえ、3・11が「**原発安全神話**」を崩壊させたこと、これは今、誰にも否定できない事実です。政府も電力会社も、原発推進を欲するどんな主体も、「原発は絶対に安全だ」とは言えなくなりました。「もしも事故が起こったら」という事態を想定せずには、原発は動かせなくなったのです。チェルノブイリや福島の被害は、実際に生じた「犠牲」です。同時に原発には、過酷事故を起こす可能性がつねに付きまとっている、リスクとして組み込まれている。過酷事故によって生じる犠牲、この第一の犠牲の位相に、この潜在的な「犠牲」も含めて見なければいけない、と私は考えています。

「放射能ガス室列島」か、「べき」論の暴走か

ここで、今回の原発事故をめぐって行なわれてきた議論の中から、私などが属する人文系のフィールドでなされてきた議論を取り上げて、皆さんのご参考に供したいと思います。まず、作家の山口泉氏の議論（志賀泉さんではありません、山口泉さん）。山口氏に

よれば、福島原発事故は「超チェルノブイリ級の放射性物質を」「北半球一円に撒き散らしつづけている」人類史上最悪の核災害であって、福島どころか日本も世界もすでに「終わっている」。日本政府と国際原子力ロビーはその事実を必死でゴマ化し続けており、「犯罪的」である。そしてこう言います。「私たちはいま、日本政府と東京電力、そしてそれに追随するマスメディアや御用学者らの手によって、絶望的な放射能ガス室列島に閉じ込められている。私たちはいま、自分たち自身がすでに殺されていることにすら気づかない、絶望的な愚者にほかならない」（これは、2013年11月24日に山口氏のブログに公表され、のちに『辺野古の弁証法 ―― ポスト・フクシマと「沖縄革命」』という著書に収められました）。

私は山口氏の鋭い社会批判、歴史批評を長年愛読してきた者ですが、この認識、あるいはレトリックに対しては大きな違和感を禁じえませんでした。「**放射能ガス室列島**」。英訳では radioactive gas chamber archipelago となっています。gas chamber（ガス室）ですから、今回の放射能汚染を、ナチスの絶滅収容所になぞらえているわけです。ナチス・ドイツがユダヤ人を毒ガスで大量殺戮する目的に作った強制収容所を絶滅収容所と言います。最も有名なのがアウシュヴィッツ＝ビルケナウ収容所です。絶滅収容所のガス室に閉じ込められた人は、およそ20分で死に至ったとされています。約３００万人が犠牲となり、生還者は数えるほどしかいません。山口氏の言葉をまじめに受け取るならば、私たち日本列島の住民はとっくに死んでいることなりそうです。少なくともすでに致命的な被曝を被っており、遠くない時期に、日本列島では被曝を原因とした大量死が起きることになりそうです。

さすがに山口氏は、ナチスのガス室と3・11後の日本には違う「部分」もあると言っています。今の日本では「真実に気づいた者は、自分から放射能ガス室の外へと出る選択を、できなくはないはず」だから、というのです。しかしそうすると、自分から外に出る選択をしない者は、彼の言う「自分たち自身がすでに殺されていることにすら気づかない、絶望的な愚者」であることになるでしょう。山口氏自身は事故の後、体調が悪化したために沖縄に移住し、沖縄を拠点に活動しているのですが、こうした発言は、さまざまな葛藤を経て避難を選択しなかった人々、避難したくても出来なかった人々、とくに「福島」に残ることを選んだ人々から見て、どのように聞こえるでしょうか。

たとえば、佐々木孝先生という人がいます。スペイン思想が専門で、2002年から、原町区にお連れ合いと一緒に住んで、2018年に79歳で亡くなりました。お連れ合いが認知症で介護を必要としたこともあって、定年前に大学を退職されて、ご両親の故郷であった南相馬を終の棲家にされたのです。そこに3・11が起きた。しかし佐々木さんは、避難しないと決めました。お連れ合いには避難生活は無理だと。「非国民」と言われようと、国の指示に従う必要はない。もともと原発反対だったそうですが、政府と東電の事故後の対応には激しい批判を込めて文章を書いておられました。『原発禍を生きる』という著書もあります。私は事故の翌年、徐京植《ソキョンシク》さん、在日コリアンの作家で親しい友人ですが、彼と一緒に原町区のお宅を訪ねたことがあります。いつもお連れ合いと一緒のようでした。温厚でユーモアのある方でしたが、毅然として自分の生き方を貫く、本当に尊敬すべき方でした。ちなみに、作家の島尾敏雄は、佐々木さんの従叔父《いとこおじ》にあたるそうです。

山口氏の議論は、佐々木孝さんのような人を「自分たち自身がすでに殺されていることにすら気づかない、絶望的な愚者」にしてしまいかねません。「希望の牧場」の吉沢正巳さんのような人も、そうでしょう。ちなみに、この議論に科学的根拠はあるのか。山口氏が信頼できる科学者として挙げるのは、矢ケ崎克馬氏です。矢ケ崎氏は、総務省の人口動態調査等から、２０１１年以降、日本では異常な人口減少がみられ、とくに福島県および東日本の各県で注目すべき人口減少があるとして、「放射能大量死」が進んでいると主張しているのです。

一方にこうした議論があるとすれば、他方には正反対の議論があります。たとえば、哲学者の一ノ瀬正樹氏。かつて広い意味で私の同僚だった人です。同じ大学でしたが学部が違ったのです。一ノ瀬氏は、おおよそ次のように論じています。「である」論と「べき」論、事実認識と規範論の混同が福島の人びとを不幸に陥れてしまった。「現に〜である」という事実の認識と、「〜であるべきだ」という規範についての認識。この二つを混同したことが、福島の人々を不幸にしてしまったと。

彼によると、福島の放射能汚染は、「いまでは健康に影響するほどの量ではなかったことが事実として、つまり「である」として決着してい」る。ところが、ある人々が、原発と放射線は悪であり、拒否される「べき」であるという価値観を、ひそかに議論に忍び込ませて、福島の危険性を過度に強調して、福島に住み続ける人々や自分のように「問題ない」と主張する人間を非難し、不当な犠牲を強いてきた。また、放射能は危険だと喧伝されて、無理な避難行動に誘い出された結果、健康を害したり、自死に至ったりする人が出た。したがって、「放射線の危険性を強調した方々には、道徳的な意味で（本来なら刑法的にさえ問うべきでしょう）強く自己批判を求めたいと思います」。

この議論に対しても、私は違和感を禁じえません。そもそも、福島の放射線被曝の危険性についての「である」論は決着している、というのは本当でしょうか。決着がついてほしいとは思いますが、私には科学者の間にも依然として対立があって、決着がついたとはとても言えないように見えます。

「倫理的な傷」が問うもの

この一ノ瀬氏の議論に対して、福島の抱えた問題は「科学」や「事実」を強調するだけでは終わらないと指摘するのは、さきほどお名前を挙げた渡部純さんです。明日からここに参加されます。渡部氏は福島市内の県立高校教諭で、3・11後は、当時の勤務校が避難所になった関係で、学校運営と避難所の運営、さらに自分と家族が避難するか否かの選択をめぐって、大変苦しい葛藤を経験したと言います。渡部氏はその経験から、一ノ瀬氏の議論について、「放射線の得体の知れなさがもたらした〈倫理的な傷〉に応えるものではない」と言います。では、「**倫理的な傷**」とは何か。まず、「原発事故被災者が、事故以前には気にかけることもなく共有していた生活の共通価値が、放射線という得体の知れないものに浸食された途端、他者とのあいだに相違が顕在化して分断を招いたこと」。さらに、「それまで自分を支えてきた価値観が根底から崩された結果、自分自身との関係における内的調和を失い、引き裂かれた状態」。こうして渡部氏は、放射線は「人々の自身の生の根幹を成してきた「倫理」を破壊した」のであって、この事実は「科学的な事実とは別の位相で検討される必要がある」と主張します。

渡部氏は言います。「自分や家族の身を守るべきか、避難したくてもできない人々に寄り添うべきか。こうした葛藤のうちに、多くの被災者は、いずれか一方の選択に目を塞がざるを得ない状況に巻き込まれた」。渡部氏自身、この「多くの被災者」の一人でした。南相馬市の大町病院（原ノ町駅からすぐ近く）で起きた出来事にも触れています。大町病院では、200名近くの医療スタッフが17名の看護師さんを残して自主避難したと。残った看護師さんたちが、葛藤を抱えながら必死で患者さんの世話をする一方で、家族を守るために「二度と戻れない」覚悟で自主避難していった看護師さんたちの選択も、苦しく重いものだったと。残るのか、避難するのか。渡部氏の言う「倫理的な傷」は、残った者にも避難した者にも生じるわけです。私はこの「倫理的な傷」は、一ノ瀬氏の言う「べき」論、予めある価値観の問題には還元できない、被災者一人ひとりが、それぞれの状況で個別に向き合わなければならなかった、倫理的選択の存在を指し示すものだと言えるのではないかと思います。この渡部氏の論は、雑誌『現代思想』の2021年3月号（「東日本大震災10年」特集号）に「失われた宝を名づけること」というタイトルで掲載されたものです。

被曝労働と「核の人種主義」

話を戻します。「犠牲のシステム」としての原発。第一に、事故とくに過酷事故がもたらす犠牲がある、ということでした。次に第二の犠牲、原発内部で作業する人々の被曝労働による犠牲です。これも皆さん、先刻ご承知の問題。日本では1980年前後からいくつかのルポルタージュ作品によって取り上げられていましたが、原発批判がタブー化、異端化されていたため、「闇に葬られている」と言われてきました。それが第1原発事故後、隠すことができなくなった。収束作業のために膨大な数の人々が必要になったからです。政府が事故の後、作業員の被爆線量限度を大幅に引き上げた上で、膨大な数の人々を動員してきました。フクイチの廃炉まで、楽観的過ぎると言われる政府の見込みでもあと30年。この間に、いったいどれだけの数の人が危険な被曝労働に動員されるのか。

事故が起これば避けられない被曝労働、事故がなくても平常運転でも避けられない被曝労働、そして、原発は通常のプロセスで廃炉にするためにも被曝労働を必要とします。フクイチの収束作業にもあたった北島教行さんという方が、2014年にこう発言しています。「よくデモで廃炉、廃炉と掛け声ありますが、あれほど恐ろしいものはありません。原発労働者が廃炉と聞いた時に、「あーあ、自分たちはこの都市の人々の掛け声によって、死ぬことを強制されて居るんだな」、「下層社会の人々にすべて押し付けて行くんだろうな」、という絶望感でいっぱいになります。廃炉というのは政治決定をすることが廃炉ではありません。廃炉というのは、すべての建屋、炉心を解体しすべてを撤去して更地にする、それで初めて廃炉といいます。敦賀原発の廃炉が決まりました。関西地域では喜んでいますが、冗談じゃない。これから30年40年かけて敦賀の廃炉作業に従事する人々はどういう人々なのか。反原発運動に関わっていた人は誰一人来ません」。

私は正直、この発言には虚を突かれました。それでも廃炉を進めていかなければならないとしたら、私たちはこの発言に対して、どんな言葉で応答すればよいのか。日本では原発ひとつを廃炉にするのに、およそ30年が見込まれています。原子炉一基を稼働させ、そして廃炉を完了するまで、いったいどれだけの数の人の被曝労働が必要なのか。私たちは、そういう原子炉を日本列島に60基（建設中も含めると、それぐらいになると思います）も造ってきてしまったわけです。

第三の犠牲は、ウランの採掘現場での犠牲です。これは私たちが原発のことを考える時に、最も忘れがちな問題だろうと思います。日本はウランを、カナダやオーストラリアやニジェールなど、海外から輸入していますが、ウラン鉱山の多くは、どこの国でもたいてい、先住民の生活空間だったところなのです。先住民の人たちの大変な犠牲が生じています。土地を追われる、環境が放射能汚染される、放射性廃棄物の投棄場所になっているところもある。1992年に各地の先住民が集まって「世界ウラン公聴会」というのが開かれて、こうした事態への告発として nuclear racism という言葉が提案され、使われています。「核の人種主義」とでも訳しましょうか。採掘されたウランは、もちろん核兵器製造のためにも使われるわけで、nuclear racism という言葉には、先住民を犠牲にして世界で繰り返されてきた核実験への告発の意味もあります。

アメリカは、核兵器と原子力発電（核発電）という二重の意味での核開発のために、南西部を中心に多数のウラン鉱山を採掘して、原発を含む核関連施設を建設しました。そうやって先住民の生活空間を汚染しつくした果てに、そういう場所を「**国家犠牲区域**」national sacrifice zone or national sacrifice area と呼んで放棄してきたのです。つまり、原発を含む核技術が「犠牲のシステム」であることを、公然と（アッケラカンと）表示しているわけです。

この nuclear racism は、現在世界的にその責任が問われている**植民地主義** colonialism の一形態と考えられます。皆さん「植民地主義」というと、日本の朝鮮や台湾に対する植民地支配をまず連想されると思いますが、アメリカやカナダ、オーストラリアやニュージーランドの植民地主義は settler colonialism といってタイプが違います。「**入植者植民地主義**」です。北米やオセアニアは先住民の人たちの生活空間でしたが、そこにヨーロッパから植民者が移住してきて、とって代わってしまう。土地を奪って自分たちの国家をつくり、自分たちが多数派になって先住民の人たちを差別し、二級市民に貶《おと》めていく。1990年代にようやく先住民の人たちの権利回復運動が強まり、2007年には国連で、「先住民族の基本的権利に関する宣言」が出されます。ウラン採掘による先住民への人権侵害は、この国連宣言に明らかに反しています。ちなみに、日本で settler colonialism の対象になったのはアイヌモシリ、「北海道」です。

「核のゴミ」をどうするのか

最後に、第四の犠牲として、いわゆる「**核のゴミ**」とくに高レベル放射性廃棄物の処理にまつわる問題です。この犠牲はまだほとんど現実化していないという意味では「犠性を生み出すリスク」と言うべきかもしれませんが、すでに大量に存在する「核のゴミ」nuclear waste その保管や輸送等に関して、いつでも核災害は起こりうるわけです。「高レベル放射性廃棄物」、長いので以下「廃棄物」と略しますが、その放射能がウラン原料と同程度まで減衰するのに数万年かかると言われています。その廃棄物が、原発の運転を続けても、廃炉にしても、どんどん溜まっていきます。

日本だけでなく世界でも、この問題の処理は地層処分（深地層処分）しかないとなってきました。日本では2000年に「特定放射性廃棄物の最終処分に関する法律」が成立して、「文献調査」「概要調査」「精密調査」の3段階を経て（30年かけて）最終処分地を決定し、地下300メートル以下に施設を造って埋める、ということになっています。ご存じかと思いますが、北海道の寿都町、それから神恵内村、この二つの自治体が文献調査に応募して、そろそろ調査報告がまとまる段階に来ているようです。町内、村内で議論が進んでいるかというと、どうもそうではないようです。賛否両論というよりも、対立や孤立が怖いので皆が議論を避けてしまう。「全国の問題なのに、どうして自分たちだけ苦しまないといけないのか」という反発もある、とのことです。仮に町や村が先に進むことを決めたとしても、北海道は道知事が反対しています。いずれにしても、これは、過疎と財政難に苦しむ自治体に押しつけて済む話ではありません。これまで何らかの形で原発から利益を得ていた限りでの、私たち皆に関わる問題であることを確認しなければならないと思います。

将来世代への責任

「核のゴミ」の問題に含まれるのは、地層処分の場所をどうするか、ということだけではありません。いわゆる「世代間倫理」、あるいは「世代間コミュニケーション」の問題もあります。数万年にわたって危険であり続ける廃棄物に対して、その間の諸世代の安全をいかに確保するのか、という問題です。

たとえば、世界で唯一、地層処分施設が建設されたフィンランドのオンカロ。オンカロをテーマにした『10万年後の安全』という映画をご覧になった方もいらっしゃるでしょう。施設内に3、000か所の穴を掘って、100年かけて1万2千トンの廃棄物を埋めて、封鎖して、10万年間保管すれば無害化できるという。北欧のフィンランドは日本と違って地盤が安定していて、18億年前の地層なので、10万年は安全だと踏んでいるわけです。しかし、その10万年の間に、どれだけの世代が過ぎていくのか。30年後であれば1世代ですから十分リアリティがある。しかし、これが千年、万年、10万年となったら、どうなるのか。私たちの国家、私たちの文明が存続しているという保証は、ありません。

オンカロでも議論されたようですが、地下に埋めて完全に封鎖した後、将来の世代に向けて、そこに何があり、どれぐらい危険なものなのかを、どうやって伝えるのか。旧約聖書はヘブライ語とアラム語、新約聖書はギリシャ語、つまり現代人でも分かる言語で書かれています。ヘブライ語の聖書が書かれ始めたのが仮に紀元前10世紀前後としますと、今からせいぜい3千年前ぐらいです。人類最古の文字は、シュメール文明の楔形文字とされています。これは約5千年前。これは何とか解読できるとしても、10万年となると、どうなるのか。私たちの文明が滅亡する、私たちの言語も消失する可能性がありまます。そうすると、その後に出てくる人類（新人類?）が、何かのきっかけで施設の存在に気付いて、中身を掘り出そうとするかもしれない。そこまで責任をもつ必要があるのか、という議論もあるでしょう。しかし、原発というテクノロジーが、現代文明の終焉後の「他者」との関係を必然的に考えさせる、ということはあるわけです。私たちは今、リモートワークとかテレワークとか言っていますが、ここでは究極の telecommunication（テレコミュニケーション）が問題になってきます。

オンカロでは、１００年後に封鎖してしまったら、記録も痕跡も一切残さないほうがいい、将来の世代が何も知らないようにすべてを忘れる、忘れたことも忘れる、そういう議論になっているようです。なぜか。記録や記憶を残せば、掘り返したくなる世代が出てくるかもしれない。掘り出したものがテロリストにわたるかもしれない。テロリストの攻撃対象になるかもしれない。したがって、完全な「忘却」こそが責任ある対応だ、というわけです。

逆に、試験的に作った施設で、警告のメッセージを残そうという国もあります。アメリカです。アメリカとフランスは、10万年ではなく１００万年の安全確保が必要だとしています。アメリカはニューメキシコ州の Yucca《ユッカ》 Mountain《マウンテン》 というところに地層処分施設を造る計画でしたが、反対が強くて、オバマ政権が白紙撤回しました。しかし一方では、同じニューメキシコ州のCarlsbad《カールズバッド》というところに、核廃棄物隔離の試験施設を造って動かしています。その施設のウェブサイトを見ますと、2019年までに17万個のコンテナの廃棄物を埋めたと書いてあります。

　そしてここでは、数千年・数万年先の人類に、どうやって警告のメッセージを残すかを、学者たちが検討してきたのです。言語学者、考古学者、人類学者、SF作家、等々。「長期核廃棄物警告メッセージ」(long-term nuclear waste warning message)と言って、これを研究するのが核記号論(nuclear semiotics)。研究分野まで出来ているのです。とりあえず国連の6つの公用語と、アメリカ先住民のナヴァホ族の言語で、施設の一帯に警告メッセージを記してあるのですが、しかし、これらの言語が1万年・数万年後、残っているかは怪しい。そこで、象形文字だ・絵文字だということになります。皆さんご存じの、あのムンクの「叫び」という絵。あれが警告になるのではないか、というような議論がなされています。

　現代人が、ラスコー洞窟の壁画を見て、ああクロマニョン人がいたのだと、2万年前にいたらしいとか言っているように、数万年後の人類は、果たしてムンクの「叫び」を見て、危険な「核のゴミ」が埋まっているんだと、分かってくれるでしょうか。そして、実は分かってもらえるようだと、すなわちコミュニケーションが成り立ってしまうと、それを悪用する者が出てくる可能性がある。コミュニケーションが成り立つと、同時にリスクも発生するという、逆説的な状況があるわけですね。

以上、「核の平和利用」と言われてきた原発、私たちが電気エネルギーの生産装置として利用してきた原発、そのシステムに組み込まれた「犠牲」について、少なくとも4つの位相を考えることができる、というお話をしてきました。脱原発が必要だと、私が考える出発点はここにあります。そして、仮に原発を、核兵器あるいは戦争あるいは軍事的なものから切り離して考えたとしても、このような「犠牲」を生み出すシステムである以上、すでに原発は、多くの人々の「平和」な生活を壊してきたし、壊している、と言わざるをえません。「平和学の父」と呼ばれるヨハン・ガルトゥングは、「**消極的平和**」と「**積極的平和**」を区別しました。戦争のない状態は「消極的平和」と言えるけれども、それだけでは十分ではない。貧困や抑圧や差別など、社会構造が生み出す「構造的暴力」がない状態が「積極的平和」だというのです。原発というシステムに組み込まれた「犠牲」も、この「構造的暴力」の一種だと考えれば、原発は「積極的平和」に反するものだ、ということができるかもしれません。ちなみに、この「積極的平和」というのは、安倍首相が言っていた「積極的平和主義」というものとは全く違いますので、ご注意ください。

原子炉が武力攻撃されたら

そんなわけで、「犠牲のシステム」としての原発自体、広い意味での「平和」、「積極的平和」に反するものではないか、と申し上げたうえで、もう一度、原発と軍事とのかかわりに戻りたいと思います。

核の平和利用と軍事利用は切り離せないということを、最初に歴史的に確認しましたが、私たちがいま生きているこの時点、「私たちの現在地」においては、原発と戦争が結びつくきわめて危険な位相が、新たな形で突きつけられています。ウクライナ戦争で、ロシア軍が侵攻後まもなく南部のザポリージャ原発を攻撃し、占領してしまった。このことは、世界に衝撃を与えました。ザポリージャ原発は原子炉が6基、ヨーロッパ最大級の原発ですが、一時外部電源が失われる事態にもなりました。ロシア軍がここを、ミサイルで集中攻撃したらどうなっていたか。十分にありうる事態です。実は、過去に、その種の事態は現に起きているのです。1981年6月7日、イスラエル空軍機が、イラクに建設中だった研究用原子炉を爆撃して破壊した事件です。イラクはフランスの技術供与を受けて原発を建設中だったのですが、イスラエルはこれを、プルトニウムを生産して核武装する目的だと考えて、先制攻撃したのです。原子炉はまだ稼働していなかったために大惨事にはなりませんでしたが、この事件をきっかけにして動いたのは、日本政府です。外務省は、日本の原発が武力攻撃を受けたらどんな被害が予想されるか、その調査を委託して、1984年2月、「原子炉施設に対する攻撃の影響に対する一考察」という報告書が作成されたのです（全部で60頁）。要するに、「放射性物質が流出して、最大1万8千人が急性死亡する」等々、甚大な被害が出るという内容でしたので、これは公表されませんでした。第一原発の事故後、2011年7月、朝日新聞が入手して報道し、初めておおやけになったのです。

ちなみに、原子炉に対する大規模な武力攻撃を公然と行なった国があります。どこでしょう? アメリカです。1991年1月、湾岸戦争の時です。多国籍軍の事実上の指揮官だった米軍のシュワルツコフ司令官が、イラクの主な核関連施設4か所のすべての原子炉を完全に破壊したと、テレビで全米に報告しました。当然、放射性物質の流出が懸念されましたが、結局は藪の中。どれだけの犠牲が出たのか、不明です。欧米は、そして欧米に追随してばかりの日本は、ロシアがウクライナでやることには大騒ぎしますが、アメリカがイラクでやっても大騒ぎしません。もうほとんどの人が忘れています。

要するに、原発は、例の外務省文書が言っていたような「核兵器製造の経済的・技術的ポテンシャル」、石破茂氏が言っていたような「潜在的核抑止力」になるだけでなく、逆に、自国の原発は他国の武力攻撃にさらされれば、自国の人々を大量被曝させる核兵器のようなものだ、ということです。第一原発事故で放出された放射性物質は、セシウム137だけ見ても、広島型原爆の168・5倍だったと、政府はIAEAに報告しています。私たちは、戦争になったらいつミサイルを撃ち込まれて爆発するか分からない核爆弾を、膨大な数、わざわざ身につけているようなものではないでしょうか。中国は、日本列島を射程に収める短距離中距離ミサイルを約2、000発は配備しているとされています。それに対抗して自衛隊は、国産の長距離ミサイルを1、500発配備、さらにアメリカから巡航ミサイル400発を購入して、イージス艦に配備する計画です。先日、麻生元首相が、「台湾有事」だ、「戦う覚悟」が必要だと発言しました。中国とミサイルの撃ち合いをするなど、私は「狂気の沙汰」だと思います。この狭い国土に約60基の原子炉および核関連施設がある。これだけ考えても、日本の安全保障は、軍事力によっては確保できないと私は考えます。

「ALPS処理水」放出をめぐって

「日本の安全保障は軍事力によっては確保できない」と申しましたが、原発問題とのかかわりを超えて、「安全保障」という意味での「平和」の問題、日本あるいは東アジアあるいは世界における「戦争と平和」という意味での「平和」の問題について、ここで「私たちの現在地」を語る時間はありません。「小高夏期自由大学」で今後そういうテーマがとりあげられれば、たたき台として私の認識をお話ししたいと思いますし、あるいは、後で関連のご質問があれば、触れることもできると思いますが、ここでは最後に、いま問題になっている「汚染水」あるいは「処理水」の問題に触れておきたいと思います。いま「汚染水」というと、まるで「非国民」とか「売国土」扱いされかねない空気になっていますが、市民が政府の表現に従わなければならないということはない、当たり前です。欧米の主なメディアでは、treated radioactive wastewater（処理された放射能廃水）とか、treated wastewater（処理された廃水）とか、そういう表現が多いのですが、一応「ALPS処理水」と言っておきましょうか。

海洋放出が始まって、中国が日本産の海産物の全面禁輸を行なって、さらに中国から日本の各所に（真面目な抗議も交じっているでしょうけれども）「嫌がらせ電話」と思われるものが何千件もかかってきて（小高にもかかってきたのでしょうか）、一部のメディアは「もはや問題は国内問題ではなく外交問題だ」とか言って、処理水問題を中国問題にすり替えようとしているように見えます。これは、中国と「戦う覚悟」が必要だと言っているような人々にとっては都合のいい状況です。もちろん私も、中国の現体制には疑問も批判も山ほどありますが、しかしこういう時には、私たち自身も冷静に、偏らずに問題を見なければいけないと思います。

まず**一つ**は、海洋放出に反対しているのは中国だけではありません。韓国でも台湾でも、野党、漁業関係者、環境保護団体などは強く反対していますから、政権交代があればガラッと変わります。6月30日には、「太平洋諸島フォーラム」（PIF、オーストラリア、ニュージーランドを含む16か国・2地域）が事務局長声明で反対を表明しています。

二つめとして、日本政府がIAEA報告書で海洋放出のお墨付きを得たと考えるのは正しくありません。グロッシ事務局長は報告書の序文でこう述べています。「福島第一原発に蓄積された処理水の海洋放出は日本政府による政治的決定であって、この報告書はその政策を推奨するものでも承認するものでもないことを私は強調したい」。NHKのインタビューでも、「報告書は海洋放出の承認ではなく、政治的に良いか悪いかのゲームには参加していないのです」。つまり、IAEAの「安全基準に合致している」という報告が仮に正しいとしても（これ自体にも無視できない異論がありますが）、「関係者の納得が得られなければ放出しない」という約束が反故にされたとか、大型タンク案やモルタル固化案などの代替案が検討されず、コストが安いとの理由で決めたとか、そういう政治的決定自体の問題点がクリアされたわけでは全くないということです。

三つめとして、なぜ政府は、国内外にこれだけの反対や懸念がある中で、強行突破したのか。ひとつ考えられるのは、六ケ所村の再処理工場のことです。溜まり続ける一方の使用済み核燃料を再処理して、プルトニウムを取り出して、原発に再利用するという核燃料サイクルは、「すでに完全に破綻している。実現の見込みがない」と言われて久しいのですが、日本政府は頑固にこれに固執しています。ところで、この再処理工場が完成して本格的に動き出すと、じつは今回のALPS処理水をはるかに上回る量のトリチウム汚染水を排出するのです。

ALPS処理水は30年かけて、全部で800兆ベクレルのトリチウムを放出する予定ですが、再処理工場は経産省の推計によると、1年間に1京8000兆ベクレル。「京」というのは「兆」の1万倍です。つまり六ケ所村は、1年間に、福島が30年かけて放出する量の約20倍を放出する。1年間で、です。じつはこれ、すでに2006年から2008年にかけて試験的に放出をやっていまして、その3年間に、2150兆ベクレルのトリチウムを流しているのです。ほとんど報道されていないので、知られていません。つまり、今回福島で批判を受けて海洋放出をやめてしまうと、再処理工場を動かせなくなってしまう。いよいよ核燃料サイクルを断念せざるを得なくなってくるわけです。よく、原発をやっている国はどこでもトリチウム汚染水を海に流しているのに、どうしてALPS処理水を流していけないのか、という議論がありますが、日本はこれから六ケ所村で、桁違いに大量の汚染水を流す計画をしているわけです。

最後に**四つ**め。明らかなのは、原発あるいは核兵器を持っている国は、すでにこれまで世界の海を放射性物質で汚染してきたという事実です。これも想い起こしておきますと、1992年から93年にかけて、ソ連崩壊後のロシア海軍が、低レベル放射性廃棄物を日本海の北部に投棄していると、グリーンピース（環境保護団体）が突きとめて、大問題になったことがありました。ロシアは、IAEAに報告しているし、放射能は安全基準を下回っているので問題ない、日本も原発から汚染水を流しているではないかと、どこかで聞いたような弁明をしましたが、日本も韓国も抗議しました。最後は、ロシアが投棄をやめる代わりに、日本が処分場建設に協力するということで収めたのです。ロシアがやった時には、安全だと言われても日本は納得せず、抗議して中止に追い込んだわけです。

重要なのは、こうしたこと全体に、規制をかけていくことだと思います。手がかりはすでにあります。1975年発効のロンドン条約および2006年発効のロンドン議定書、そして1994年発効の国連海洋法条約。これらの国際法によって海の環境汚染は基本的に禁止または規制されているからです。たとえば、国連海洋法条約の第194条第1項「いずれの国も、あらゆる発生源からの海洋環境の汚染を防止し、軽減し、および規制するため、利用することができる実行可能な最善の手段を用いる」ものとする。今回のALPS処理水の放出は、他に代替案があるにもかかわらず、意図的に海洋放出して海を汚染する行為として、この条約に違反するという批判があるのです。日頃から「法の支配」「法の支配」と言って、自ら国際法の尊重を他国に要求している日本政府ですが、こうした条約を軽視ないし回避しているのは問題です。そしてこれは、日本政府だけの問題ではありません。核兵器と原発によって、すべての生き物の共有物であるべき海を、さんざん汚染してきた各国に対して、私たちは「**世界市民**」として、国際法の精神を尊重するように要求していく権利があります。そしてそのためにも、まずは日本政府の行動を、主権者として変えていく、そうした権利と責任が私たちにはあるのだと思います。
これで終わります。ご清聴ありがとうございました。

（2023年9月16日）

資料編

希望の牧場 よしざわ　ホームページ トップ画面

資料1

第1回小高夏期自由大学 3日目分科会の主な意見

Aグループ

1 震災・原発事故

・同じ被災地でありながら、双葉郡(広野・楢葉)と比べて扱いが軽いように思える。

・住宅を再建できない津波被災地域の元住民にとっての復興をどう考えるか。

・先行する市街地の復興と遅れている〝在〟の復興。この構造をどう変えれば良いのか。

・処理水、防波堤、きのこ・山菜の放射線量、森林・山の除染、脱原発宣言都市に意味があるのか。

2　支援態勢

・子育て支援は足りているか。

・子育て組の父親同士の関係作り。

・高齢者や地域住民が気軽に集まれる交流の場が必要。

・草刈りや河川の清掃、野馬追いや神楽などの行事の継承の問題、地域のボランティア活動。

3　移住支援

・帰還者と移住者の意識のギャップをどう埋めるか。

・移住者が小高を知るためのサービスの必要。空き家情報など。

・アーティスト・イン・レジデンスの強化。

4　観光・歴史

・メインストリートにもっと花を。

・公共交通機関がなく、タクシー以外に移動手段が無い（くるりんバスやレンタサイクル）など。

・宿泊施設の充実やコンビニを兼ねたドラッグストアが必要。
・小高の持つ歴史や文化遺産が生かされていない（アーカイブ）。
・将来のビジョンとして、例えば芸術の町として発信する。
・空き地の利用（体験型キャンプサイト）。
・駅に特急停車、エレベーター設置、花見の開催、参加型お祭り（フェスティバル）の実施。

5　**医療・介護**

・歯科・眼科・皮膚科が必要。小高診療所に入院設備。
・介護人員の不足。
・住民視線が無く、高齢者に優しくない行政施策。

6　**農業**

・就農支援の必要（農業を始めるための情報の発信・土地・学習など）。
・太陽光パネル以外の自然エネルギーを考える。
・太陽光パネルを一か所に集める。このままでは太陽光パネルの町になる。

Bグループ

1　将来

・現在バリバリやっている中高年が今後いなくなったらどんな町になるか。
・元気な中高年と子どもとの繋がり。
・被災地から地方創世のフロントランナーになるべき。
・〝足る〟を知る。本当に必要なもの、本質的な豊かさへの転換。
・被災者＝「何でも与えてもらえるべき」と言う意識からの脱却。
・何も生み出さない視察は不要。受け入れ期間を定めてはどうか。
・空き地が多く、車も住んでいる人も少ないが、一人ひとりの個性と能力がとても生かされているし、のびのびと自己表現している姿が印象的だった。
・若い人々のパネルを聞き、小高の将来は着々と前を向いていると感じた。
・一人ひとり違うことを認め合う、地域と共に歩める小高でありたい。
・山を削るのをやめさせる。

・空き地の除草剤の使用をやめさせる。
・太陽光パネルはこれ以上必要か。
・住宅不足。空き家問題。仮置き場のあと地はどうなるのか。
・補助金頼りからの脱却。

2 教育

・3・11で自分を押し殺しながら育った子どもたちが、自分の意思表示が出来なくなってしまった。
・絵が描けない子どもたちの心を開放する場が必要。自己表現する機会を多く持つ。絵、ダンス、演劇、シナリオ作成など。
・子どもたちの逃げ場や第三者との関わりが必要。居場所の確保。
・主体性を持てる子ども。
・受け身の教育を改め、原発や平和のことをきちんと教え、考える時間を確保する。現場を見学し、地域の人々の意見を聞くチャンスを持つ。教師の育成。

3 原発

・脱原発を叫んでも、東京に電力を送っていると聞けば、需要している身に矛盾と痛みを感じる。
・原発が出来ることによって東京のホームレスが減った状況は、働き口があったわけで、単に反対するばかりではないと思う。
・原発事故により土地の放射能汚染と言う大きな課題が出来た。そのため里山の土が剥ぎ取られ、自然破壊が起きている現状をどう回復出来るかを考えたい。
・小高駅東側のメガソーラの20年後の未来。農地の回復？　再開発？　産業用地？
・処理水は流して欲しくない。放出の問題をどう考えるか。
・原発再稼働の問題。

4　心

・豊かさとは何かをもう一度一人ひとり丁寧に考えたい。
・心が通い合うお付き合い。
・移住者はどのように思われているか。地元の人とうまく行っているか。
・あまり便利になることより、少し不便でも息抜きの場所になって欲しい。

5　伝統

・伝統、文化の保存に力を入れて欲しい。

Cグループ

1　小高のこと

・民間と公共の境目をあやふやにする。
・学びの場所を民間から。
・新しいスタイル（生活・ビジネス）を生み出す可能性を感じている。
・自分の考えを持っている人が多くいて、熱い。
・自分で決めて自分でやるのが小高スタイル。

2　心のこと

・ニュースの出来事を自分事にして真剣に考えることが出来る。
・大切な人が笑っているか？
・風景が変わって行く事を楽しむことから。

・積み重なり、繋がって行く。今も、これからも。
・居ること、聴く事の大切さ。傷が深い。
・原発との関係が心に違和感を生む。
・いろいろあって良い。違いがあって町になって来た。

3　感想

・小高を思って活動している者の想いと活動内容を知って良かった。
・小高が動いていることを実感した。
・2022年7月に初めて小高を訪れた時、廃屋、雑草、閉ざされたストリートが印象的だった。
・ここの原発が東京に電力を送っていることを知らずにいた。ごめんなさい。
・事務局、楽しかった。林さん、楽しそう。

4　これからのこと

・ミクロとマクロの視点の必要。
・聞いた者は伝えよう。せめて周囲の人に。

・小高・福島で起きた事故から得た教訓を生かして、未来に繋げられると良い。語り部の存在。
・言葉だけではないコミュニケーション。
・イベント、草刈りなど、交流人口を増やし、地域と人、人と人との繋がりをつくる。
・多世代の人との意見交換が楽しい。
・置いていかれないような高齢者への対応。
・小高の農産物の今後が心配。１００㎞離れた実家の会津のリンゴ園は生産されなかった。
・処理水には、関係諸国の合意が必要。
・人を迎え入れるには線量の問題も考える必要。
・来年も開催希望。

Dグループ

1　若い人の力

・小高の若い方々の力が素晴らしかった。力をもらった。
・原発に頼らない町づくり。特に和田さんが言っていた10人の雇用が出来る100の企業を創ると言う考えに感動した。ぜひ実現して欲しい。
・小高が以前に戻ろうと言うのではなく、新しく作って行くしかないと言うエネルギーを感じた。

2　汚染に対する現実と町づくり

・汚染水放出について、小高の人々はどのように考えているのか。私たちがどう考えて行ったら良いのかを考えさせられている。
・町を花で包む運動をしていることに感銘を受けた。花を道路や家において、花であふれるような町にして欲しい。

3　発信・表現

・小高は歴史と伝統があるので、それを若い人に伝えて欲しい。

・「まだ見ぬ社会を生きよう」と言うNext Commonds Labのことをもっと若者に知って欲しい。
・各地で起きたことや起きていることを、どう学び、広げて行くのか、発信の在り方を考える。
・高校生や若い人がコラボして、商品開発することはとても良い。自分の開発した物が商品になる——自立した考えを育てて行くと思う。
・笑顔は子どもの安心、安全、心身のバロメーター。居場所、希望を与え、挑戦し、他者を思いやるのも笑顔がベース。

4　**小高への愛情**
・本当に必要なことは何か。
・小高への愛情を持っている方と出会い、その素晴らしさと、土地への愛情とは何か（長所・短所）を考えさせられている。

5　**地元の望む復興**
・地元が望んでいない復興がなし崩し的に進められている。現況に対してもっと考

えるべき。（cf：F-rei, ハンフォードモデル）

・子どもの希望を育むためには、まず現実を知らせる。それをどう受け止め、どう行動するか。文化、歴史を学び、自分の考えを持ち、行動し、発信する。

・政治の「絶望」を聞き、同感する。それでも政治とどう向き合うか、教員として考える。

6　宗教者がリスペクトして協力

・住職の子どもの「勉強してもしょうがない。今の世の中、すぐに変わるし、どうなるか分からないから」と言う言葉が印象的だった。

・宗教を超えて、互いにリスペクトして、地域の人々と共に歩もうとしている姿に感動した。

・被災をきっかけとして、心のケアのために、仏僧・牧師・司祭などが垣根を越えて協力するようになった。

・住職の語る海、林、生き物の呻き、叫びに心を留め、癒し、癒され、共生する在り方を学ぼう。

7　当事者性とは

・内部／外部と言う線引きの在り方を考える。

・福島・沖縄など「犠牲のシステム」での当事者性の中に自分をどう位置付けるか。

・東京に住む者として、当たり前の生活の基盤の仕組みについて考えさせられた。

以上

資料2

【小高夏期自由大学提言8項目】

1　生活面：ドラッグストアを設置します。

・福島市のダイユーエイトでは薬局があるので、小高でもできないか。
・小高調剤薬局で、ちょっとしたお薬など購入できる。この部分をまずは、充実できないか。また、土日も営業できるようお願いしたい。
・小高ストア内にちょっとしたスペースがあり、お薬を買えれば良い。
・ベストは、日用品も買えるドラッグストア希望。
なお、すぐに実現できないのであれば、上記調剤薬局や、小高ストアに薬品コーナーを設置するなど、代替案を希望。
・ダイユーエイトは街なかから遠い、駅前通りに設置希望、空き地であれば、駅前通り（銀砂跡地が良いのでは）、小高ストア→ドラッグストア。

2 **生活面：区内で行われる行事の情報を一元的に集約します。**

・区役所、観光協会、商工会、駅など、モニター（看板も可）で市の情報（特に小高区）について、閲覧できる環境が欲しい。

・現在、小高区内では、帰還者、移住者、若者など、区内で様々なイベントを実施。ただ、一元的に情報を知りうる場所、手段がないので、分からない人が多い、設置をお願いしたい。

・小高交流センターのサーフショップ。

・小高駅にポスター、チラシを置くと、JR側で撤去される。JR原ノ町駅長からJR利用に資する内容でないので、NG。

・駅はまちの顔なので、さまざまな情報発信の機能も必要。

・防災行政無線→市情報流せないか。

3 **観光面：小高駅に隣接して観光案内所を設けます。**

・富岡駅では、駅近くにお弁当屋、観光案内ある。

・人員配置までとは言わないが、観光情報、案内できる希望を設置できないか。
・ちなみに駅前観光案内看板、相馬野馬追→5月末開催に変更されていない。
・ハッコウバ、駅ホームに入らないと入れず不便。

4　**交通面：小高駅に券売機を設置します。**
・スマフォを使えない人たちは不便。
・被災地だから無銭乗車を認めているのか。
・浪江駅は、音声案内で精算できる。
・双葉郡の駅では、券売機とエレベーター設置、なぜ、小高はできないのか。
・双葉駅、浪江町のような立派な駅ではなく、現行の趣ある小高駅のままで良い。

5　**交通面：小高区内と原町区内を循環するくるりんバスを運営します。**
・避難指示解除前、ボランティアで運用を計画していたが、運輸局許可が下りず、断念した経過あり。
・ジャンボタクシーは料金高い、運行時間の制約がある、不便で機能していない。
・双葉～浪江～南相馬バス→東北アクセス（ハイエース）。

・鹿島と原町にタクシー助成あり、小高にはない。格差では？
・震災前、小高区の自主防災組織率100％→3・11時に機能しなかったし、現在も機能していないことが問題。
・タクシーを使って、往復1万円をかけて、小高⇅原町に行っている高齢者もいる。
・茨城県神栖市では、ライドシェアの取組をやっている。タクシー券→市役所→現金に換える。過疎地域でなくても運用でカバー。
・浪江町のスマモビは便利、利用している。

6 医療面：小高診療所での診療科目を増やします。

・小児科、皮膚科→週1日でも良いので開設してほしい。
・小さいお子さんいるお母さん→小高では保健師訪問無いと聞いたが本当か？

7 **介護面：認知症対応の施設の建設を再開します。**

・梅の香北側施設の再開は？
・需要はある。介護人材は外国人を採用。

・教会幼稚園牧師➡介護福祉士資格を有しており、市のやる気次第では開設できると考えている。
・外国人介護士のための寮が必要。例えば、市営住宅を特例的に使用できないか。

8

施設面：震災遺構を含む小高区の歴史記資料室を設置します。

・小高交流センター通路に展示（スチール版）、カミツレではスペースが足りない。
・通路であれば、開館時に限らず不特定のものが閲覧できる。
・南相馬市博物館の小高展のようなイメージ。
・福浦小にある文化財↓展示してはどうか。
・母の羽織袴を展示したい。

以上

資料3

6企第2号　令和6年4月19日

小高夏期自由大学参加者一同様

南相馬市長　門馬和夫

2024年度から2025年度の行政施策への提言8項目について（回答）

令和6年3月13日付けで提出がありました提言8項目について、下記のとおり回答いたします。

記

1　提言に対する回答

（1）生活面：ドラッグストアを設置します。

①理由：気軽に立ち寄れるドラッグストアは、生活面で必須と考えます。

②候補地：駅前通りであることが重要です。

A．小高ストア内

B．交流センター内のサーフショップ

C．OMSBの改装

D．商工会の駐車場

（回答）

本市では、小高区内へのドラッグストア誘致について、聴き取り事業者から一出店基準として、商圏人口が7、000人以上必要であることや、原町区内で営業されている同店舗における商圏人口に小高区人口を見込んでいることから、小高区への出店は困難である。」との見解が示されており、現時点において、難しい状況にあります。また、ダイユーエイト小高店や小高ストア店舗内等に「医薬品コーナー」を設置できないかという点については、聴き取り事業者の方針や、同店舗内に薬剤師などの有資格者の配置が必要であるなど、現在、人材確保の面などから困難であると伺っております。

なお、市としましては、これまで小高区住民の皆様などから、ドラッグストア出店に関するご要望やご意見等が数多く寄せられている状況を踏まえ、引き続き、小高区内へのドラッグストア出店の可能性について、情報収集に努めているところです。

（事務担当：小高区地域振興課 電話：44－2112）

（2）生活面：区内で行われる行事の情報を一元的に集約します。

①理由：現在、小高区内で、いつ、どこで、何が行われているのかを知ることができていません。これまでは、小高駅構内の待合所にチラシを置くことができましたが、今はできません。

②情報を一元化するため、駅前と交流センター内に大きな掲示板を設置し、情報交換の場とします。チラシの大きさはA３を最大とし、運営は緩やかに行い、地域振興課が管理します。

（回答）

本市では、小高交流センターにおいて、現在、北棟入口前、南棟食堂前にそれぞれ「屋外掲示板」を設置し、同施設内で実施するイベント情報等について、同掲示板を利用しているところです。

なお、これらの情報を掲載できるスペース自体に限りがあることから、現在、すべての情報を掲示することが難しい状況にあります。

市としましては、今後に向けて、同施設内で実施するイベント情報に関わらず、広く小高区内におけるイベント情報等について、可能な限り当該掲示板に掲示するとともに、同施設内にチラシ等を配置するなど、積極的な情報発信に努めてまいります。

（事務担当：小高区地域振興課 電話：44－２１１２）

（3）観光面：小高駅に隣接して観光案内所を設けます。

①理由：小高の被災と復興の過程の調査に訪れる人は年間相当数に上ります。これらの人々に小高の魅力を発信することは必須と考えます。

②候補地：小高駅に隣接する自転車置き場か駐車場の一角が良いと思います。

（回答）

本市では、小高区の観光案内について、小高区役所内に「小高観光協会」事務局を設置し、小高区における観光案内所の機能を担っているところです。

また、小高駅前には、同観光協会により観光案内看板が設置されておりますが、今後、ＪＲ常磐線を利用され、小高区を訪れた方々に対し、小高区の魅力をより知っていただけるよう、観光案内看板の掲載内容を見直しするなど、更なる小高区の観光ＰＲに努めていく考えです。

さらに、震災以降、無人駅となっている小高駅舎については、現在、民間事業者が駅舎を活用した醸造所の準備や飲食物等の販売などを行っております。

市としましては、今回、ご提案ありました小高交流センター南側店舗への「小高観光協会事務局」の移設について、現時点において考えておりませんが、引き続き、小高区内の賑わい創出を図るため、当該事業者と連携を図りながら、小高駅舎を活用した観光案内機能の充実に努めていく考えです。

（事務担当：小高区地域振興課 電話：44—2112）

（4）交通面：小高駅に券売機を設置します。

①理由：特急券を購入するのに、浪江町か原ノ町駅に行かなければならず、往復で400円の負担増となっています。

②観光客への呼びかけや、高齢化率の高まりにとって、常磐線の需要が増加します。

（回答）

本市では、震災以降、小高駅へのエレベーター設置をはじめとした駅のバリアフリー化とともに、駅の有人化及び自動券売機の設置について、「福島県鉄道活性化対策協議会」及び「常磐線活性化対策協議会」等を通じて、ＪＲ東日本に対し、要望活動を行っております。

この要望に対し、ＪＲ東日本では、国のバリアフリーに関する設置基準や、小高駅における利用状況等を総合的に勘案した上で、現在、当駅へのエレベーターや自動券売機の設置は困難である。」との回答をいただいております。

市としましては、こうした厳しい状況がある一方、小高駅の更なる利便性向上について、今後の小高区の復興・再生を加速化するため、重要な課題の一つであるとの認識の下、ＪＲ東日本が示した国の基準等に関わらず、当該要望が実現できるよう、引き続き、ＪＲ東日本に加え、国県に対しても、要望活動を行っていく考えです。また、各要望事項の早期実現に向けては、ＪＲ東日本に対し、単に要望活動を行うだけではなく、令和5年度から「大学生等通学定期券購入費助成事業」を実施するなど、ＪＲ常磐線の利用促進につながる取組を行うとともに、ＪＲ常磐線沿線自治体との連携や協力体制を更に強化してまいります。

（事務担当：企画課 電話：23―5358）

（5）**交通面：小高区内と原町区内を循環するくるりんバスを運営します。**

① 理由：小高区を自由に移動でき、原町区の医療や商業施設を利用するためです。

② 小高区内における人の移動を活発にし、小高区ではできていない医療施設や商業施設を隣接する原町区で利用することは必須と考えます。

【参考】小高⬇原町9時、11時、12時、14時、15時、17時台の常磐線の運行はゼロです。

（回答）

今回、ご提案ありました循環バスについては、運営者があらかじめ運行ルート、バス停の位置及び運行ダイヤが決められること、また、利用者がバス停から運行ダイヤで決められた時刻でバスに乗車することができ、かつ目的地までの所要時間があらかじめ想定することができる利点がある一方、運営者にとって、一定数の利用者数を確保することができないと、事業運営に係る事業性が低下してしまう欠点があります。

このことから、本市では、震災後、利用者の利便性を重視し、現行の乗合型のタクシー（ジャンボタクシー）を運行しております。このジャンボタクシーについては、運行ダイヤに合わせ、利用者のご自宅から目的地への移動が可能となる制度であり、現在、平日：8便、土曜日：6便、日祝日：2便を運行し、小高区内及び原町区の医療機関や商業施設が利用できるダイヤ設定となっており、通院や買い物の交通手段として、小高区内や小高区と原町区の移動をカバーしております。

また、利用料金については、小高区内の移動が片道200円、小高区から原町区への移動が片道500円、中学生以下は無料で運行しており、現在、原町区及び鹿島区で実施している「定額タクシー」が、区内は片道500円から900円、区を跨ぐ病院への移動は片道2、000円としていることからも、当該制度の方がより利用しやすい料金設定となっています。

なお、現在、ジャンボタクシーについては、運行便数が限られており、JR常磐線の空白時間も含め、区を跨ぐ移動が制限される時間帯があります。市としましては、現時点において、運行便数の増便は難しい状況でありますが、今後、利用者アンケートの実施や利用状況の分析等を行い、更なる利便性の向上に努めていく考えです。

（事務担当：生活環境課 生活交通係 電話：24―6565）

（6）医療面：小高診療所での診療科目を増やします。

①理由：若い家族の移住者のために小児科の設置は必須です。

②常勤の医師を招くことは難しいので、週一でも曜日を決めて専門医に来院してもらいます。また、月に一度は保健師の訪問育児を実施するとともに、緊急の場合に備える体制を準備します。

（回答）

小高診療所の診療科については、現在、内科及び外科となっております。また、今回、ご提案ありました小児科及び皮膚科を当該診療科に追加するためには、まずは常勤の専門医師の確保などが大きな課題となります。

さらに、同診療所内で週1回程度、小児科の診療ができないかという点については、今後、市立総合病院における常勤医師の体制が更に充実された時点で、このような体制が取れないか、別途、協議・調整してまいります。

次に、本市では、保健師による家庭訪問について、市内に居住する生後2か月頃のお子さんを対象に家庭訪問を実施し、お子さんの発育・発達等健康面の確認及び保護者の不安や悩みの相談、子育てに関する情報提供等を行っております。

なお、当該家庭訪問に関わらず、各家庭から随時、訪問依頼等があった場合、必要に応じて、お子さんや保護者を対象とした家庭訪問を実施しておりますので、子育てをされる上で、何かお困りごとなどあった際は、担当課（こども家庭課母子保健係）まで、お問い合わせいただければと存じます。

【参考】：市立総合病院における小児科の診療体制について市立総合病院では、令和3年4月から小児科の常勤医師が3名体制となり、入院診療を再開しております。

また、入院診療について、小児科の常勤医師が対応するため、外来診療については、同常勤医師と福島県立医科大学による支援医師が交代で、月曜日から金曜日まで、2人体制で対応しております。

さらに、外来診療について、午前の通常診療に加え、午後は予防接種（予約制）、健診及び慢性疾患や発育・発達のフォローが必要なお子様に対応するとともに、急に病状が悪化された場合など、現体制の中で可能な限りで対応しております。

その他、平日の診療時間外や土曜休日についても、緊急対応に備え、市医師会による協力体制の下、医師が待機する体制を執っております。

加えて、当地方では、小児科の専門医師が他地域に比べ不足している状況から、現在、市立総合病院において、院内の外来診療のほか、市乳幼児健診などの市事業への協力も行っております。

市立総合病院としましては、今回、ご提案ありました小児科等の追加について、引き続き、常勤医師の体制維持を基本としながら、地域医療のニーズに対応できるよう、医療資源の確保に努めてまいります。

（事務担当：市立総合病院附属小高診療所 事務課 電話：32－1715）

（事務担当：こども家庭課 母子保健係 電話：24－5218）

（7）介護面：認知症対応の施設の建設を再開します。

①理由：認知症の方の増加に備えます。

②認知症の方が安心して生活できる場を設けることは必須です。

（回答）

小高区では、現在、特別養護老人ホーム「梅の香」がありますが、介護人材不足により、一部保有されている病床が稼働できていない状況にあります。

また、本市では、運営法人である「社会福祉法人南相馬福祉会」から、同施設について、令和8年度までに当該未稼働分の病床再開を目指しており、さらに、同施設北側にある「グループホーム小高」について、同じく同施設の未稼働病床の問題が解消された後、速やかに再開することを目指していると確認しております。

さらに、全国的に介護人材の確保が大きな課題となる中、介護人材を確保するため、「南相馬市みらい育成修学資金」、「市外就職希望者就職活動支援事業助成金」、「介護事業所就労支援助成金」などの支援策を実施しております。

一方で、市内介護事業所においては、令和4年度から外国人雇用が進んでいる状況があります。また、同南相馬福祉会においても令和4年度に外国人雇用を実施し、令和6年度には8名の採用を予定しているとお伺いしております。

また、これら外国人の住居については、各介護事業所において、勤務先から近い民間アパートなどを確保するとともに、本市では、その住宅手当の一部を助成するため、「介護事業所就労支援助成金」を創設しております。

さらに、今回、ご提案ありました市営住宅の活用については、公営住宅法に基づき、別途、市営住宅担当課との事前協議等が必要となりますが、仮に市内介護事業所からご要望等があれば、適宜、対応を検討させていただきます。

加えて、介護事業所の新規開設に当たっては、今後、見込まれる介護サービス量を介護保険料に反映する必要があるため、市及び県介護保険事業計画による計画上の位置づけが必要となります。

また、当該事業計画上に位置づけするためには、まず当該施設設置に係る介護サービス料の見込みや、同施設の許認可を受けるための施設基準を満たす施設計画が必要となるため、今回、ご提案ありました、今すぐに新規施設を開設することは、現実的に難しい状況があります。

なお、最後に有資格者に対する就労相談については、市を通じて、随時、同南相馬 福祉会に相談することなどは可能となっておりますので、適宜、ご相談をいただければと存じます。

（事務担当：長寿福祉課 介護保険係 電話：24－5239）

（8）**施設面：震災遺構を含む小高区の歴史記資料室を設置します。**

①理由：全住民に避難指示が出された双葉町、富岡町、楢葉町、浪江町には震災遺構を含む資料室があるにもかかわらず、小高区にはありません。震災遺構を含む小高区の歴史資料室は小高区の貴重な文化財となります。

②候補地

A．小高交流センター内のサーフショップ

B．すでに工事がはじまろうとしている小高教会幼稚園

（回答）

現在、本市では、震災当時の状況を知ることができる写真について、小高交流センター内にある多目的室前に一部掲示しております。

一方で、これら来館者の中には、震災当時の光景を目にしたくないという方も一定数

いることから、当該被災状況等の写真について、アルバムに取りまとめ、同交流センター内にある事務室で保管・管理の上、適宜、希望される方への貸し出し、閲覧ができるよう対応しているところです。

また、小高区における歴史資料室として、「小高の歴史コーナー」について、同交流センター内にある南2棟内「カフェカミツレ」に併設し、震災前の懐かしい小高区の状況が分かる写真などを展示し、ご来館いただいた方が自由に見学できるよう対応しております。このため、現時点において、今回、ご提案ありました新たな設置については、考えておりません。

（事務担当：小高区地域振興課 電話：44－2112）

資料4

オプショナル・ツアー

（紹介文は各施設のHPやSNSでの説明文を引用させていただいております。）

①震災遺構　浪江町立請戸《うけど》小学校（福島県双葉郡浪江町）

東日本大震災――。福島県浪江町に位置する請戸小学校も大きな被害を受けましたが、全員が無事避難することができた奇跡の小学校としても知られています。倒壊を免れた校舎に刻まれた脅威と、全員避難することができた経験を伝えるため、２０２１年より震災遺構として一般公開いたしました。訪れた人の〝自分事として震災をとらえ、防災について考えるきっかけ〟になれば幸いです。

② 希望の牧場（福島県双葉郡浪江町）

国の殺処分指示に断固斗って13年、被爆牛３００頭の命を守って「希望の牧場」は一般社団法人が終了して『希望の牧場　よしざわ』として再出発し、牛達の寿命まで（あと十年ぐらい）頑張りながら、原発の時代を乗り越える未来をめざします。

③ 東日本大震災・原子力災害伝承館（福島県双葉郡双葉町）

展示や語り部、研修、調査・研究を通じて、未曽有の複合災害について、福島で何が起き、どう向き合ってきたかを伝え、防災・減災に向けた教訓を国内外や未来へつないでまいります。

④ 東京電力廃炉資料館（福島県双葉郡富岡町）

発電所周辺地域をはじめとした福島県の皆さま、そして多くの皆さまが、福島第一原子力発電所事故の事実と廃炉事業の現状等をご確認いただける場として、「東京電力廃炉資料館」を開館いたしました。

⑤とみおかアーカイブ・ミュージアム（福島県双葉郡富岡町）

富岡町が整備した博物館です。富岡町で受け継がれてきた地域資料や東日本大震災と原発災害で生じた震災遺産を収蔵・展示しています。館の目標は「複合災害を地域の歴史に位置づける」。地域で長い時間をかけて積み重ねられてきた日常が覚悟なく奪われた事実を町・町民の目線で伝え、「あの日」を境に起きた地域の変化を紹介しています。

◇東日本大震災と原発事故の影響拡大による原子力災害の風化防止と経験の発信・継承◇富岡町の歴史・文化・地域性を伝える資料・情報の記録・保存と継承

⑥ ふたばいんふぉ（福島県双葉郡富岡町）

「ふたばいんふぉ」……双葉８町村の現状を共有し、広く伝えるために、民間団体である双葉郡未来会議が運営者となって開設。現地視察やスタディツアー、また地元の方の一時帰宅の際には、ぜひとも訪れて頂ければ幸いです。

「ふたばいんふぉ」は学びの場としては勿論、新しい繋がりの場としても皆様をお待ちしております。

⑦ ヒロシマ・ナガサキ・ビキニ・フクシマ伝言館（福島県双葉郡楢葉町宝鏡寺内）

【〈13年目の被災地を再び巡る　福帰行〉楢葉の伝言館（楢葉町）／原発悔恨和尚の遺志つなぐ／境内で学ぶ原発事故の教訓／住職が私費で「伝言館」開設―東京新聞２０２３年５月23日】

【境内で学ぶ原発事故の教訓　住職が私費で「伝言館」開設／朝日新聞デジタル記事／２０２１年3月18日】

⑧ 俺たちの伝承館（福島県南相馬市小高区）

【小高に「おれたちの伝承館」、原発事故を考え直して……アートで伝承―福島民友新聞２０２３年7月13日】
【原発事故 アートで伝える　南相馬・小高「おれたちの伝承館」開館―東京新聞２０２３年7月25日】

資料5

福島県南相馬市立小高中学校――合唱曲「群青《ぐんじょう》」

作詞　福島県南相馬市立小高中学校　平成24年度卒業生（構成・小田美樹）
作曲　小田美樹（福島県南相馬市立小高中学校 教諭）

ああ　あの町で生まれて　君と出会い
たくさんの思い抱いて　一緒に時間《とき》を過ごしたね
今旅立つ日　見える景色は違っても
遠い場所で　君も同じ空
きっと見上げてるはず
「またね」と　手を振るけど

明日も会えるのかな
遠ざかる君の笑顔　今でも忘れない

あの日見た夕陽　あの日見た花火
いつでも君がいたね
あたりまえが幸せと知った
自転車をこいで　君と行った海
鮮やかな記憶が
目を閉じれば　群青に染まる

あれから2年の日が　僕らの中を過ぎて
3月の風に吹かれ　君を今でも思う
響けこの歌声
響け遠くまでも　あの空の彼方へも

大切なすべてに届け
涙のあとにも　見上げた夜空に
希望が光ってるよ
僕らを待つ　群青の町で

きっと　また会おう
あの町で会おう　僕らの約束は
消えはしない　群青の絆
また会おう　群青の町で……

解説――

合唱曲「群青」は、福島県南相馬市立小高中学校の平成24（２０１２）年度卒業生と、当時の音楽教諭、小田美樹先生によって創作されました。２０１１年の東日本大震災と直後の福島第一原子力発電所事故により、小高中学校の生徒たちも、北海道から九州まで分かれて避難しなければなりませんでした。避難している友達を思い、そのつぶやきを書き留めながら、小田先生は歌詞を綴っていったとのことです。こうして、生徒たちの心からの声をつないで歌詞ができ、その歌詞に曲をつけて創作されたのが、合唱曲「群青」です。群青とは、一般に紫を帯びた深い青色とされ、美しい海の色でもあります。この題名は、小高中学校の校歌の一節に「群青」が記され、小高中の文化祭が「群青祭」とのことから、小高中を表す言葉であるとして名づけられました。この時以来、小高中学校では代々歌われ続けています。さらには、多くの報道機関によって日本全国にこの曲が報じられ、英訳されて海外にも伝えられています。

あとがき

2011年3月11日に東日本大震災が起こり、地震、津波によって東北地方を中心に多くの人びとが甚大な被害を受けました。これに加えて、福島第一原子力発電所による爆発で、福島の人びとは長期の避難を強いられてきました。原発事故により、今もなお多くの人びとは様々な苦難を受けていますが、この出来事を忘れたかのように政府・自治体・電力会社は原発再稼働に踏み切っています。現在、日本列島は北海道から沖縄に至るまで地震が頻発しています。したがって、本書に書かれた事態がどの地域に起きても不思議ではないのです。その意味で、原発に頼ることから脱却し、人間らしく生きる道筋を求めているそれぞれの発言を胸に留めてほしいと願っています。

小高《おだか》という地名は箱根の美術館にある「相馬野馬追図屏風《そうまのまおいずびょうぶ》」の解説に記され、知ってはいましたが、長い間の信仰の友である飯島信さんが日本基督教団小高伝道所兼浪江伝道所の牧師として赴任するまで、くわしくは知りませんでした。訪ねてみて、この地から埴谷雄高《はにやゆたか》や島尾敏雄という著名な作家が出たことを知りました。特に、埴谷雄高（本名・般若豊《はんにやゆたか》）の名である「雄高」は「小高」から採ったと言われています。

また、現在の日本国憲法制定の前に、知識人・研究者7人のグループである憲法研究会が1945年12月に「憲法草案要綱」を提示しました。その発表に当たったのが小高出身の憲法学者である鈴木安蔵でした。この案は内閣や海外にも示され、日本国憲法の内容に影響を与えたと言われています。

尚、227頁以下に「オプショナル・ツアー」としてQRコード付きの施設を掲載しました。どの場所も深く考えさせられますので、ぜひ、小高近隣の施設にアクセスし共有していただければ幸いです。

ところで、小高夏期自由大学の目的は「小高復興の現在地を知り、脱原発と平和への道筋を描きつつ、内外との交流を深める」ことで、本書はそこでの講演とパネルディスカッションを再録したものです。「刊行の言葉」に記されていますように、この場には、小高だけではなく、原町、浪江、他の福島地区、仙台、名取、埼玉、東京、千葉、神奈川、松本などから多くの参加者が集まり、講演とパネルディスカッションを聞き、最後にグループに分かれて「小高再生への課題と現実を語ろう」とのテーマで真剣な分科会討議を行いました。これらの討議でまとめられた項目を、さらに小高区の人びとが厳選し、南相馬市長に8項目の提言をしています（資料編、資料1・2・3参照）。

本書構成の関係で、基調講演を第三部にしました。講師の高橋哲哉さんは、福島出身の高名な学者ですが、他の地域においても、平和と人間の尊厳を求める人びとの声を聴き、苦しみをもたらす根源を解明してくださっています。今回のテーマで言えば、原発と核武装との関係、「犠牲のシステム」とは何か、原発による4つの犠牲、原子炉への武力攻撃の危険性、「ALPS処理水」と再処理工場との関係、原発および核兵器保有国による海洋汚染の問題などについて究明されています。

読者の皆さんには、機会を見つけて小高を訪ねてみることをお勧めします。その際には、駅前の双葉屋旅館を訪ねるとよいでしょう。双葉屋旅館女将の小林友子さんは、小高を愛し、小高の復興・再生のために様々な場で献身的に取り組んでいます。今回の小高夏期自由大学についても、会場提供や宿泊の便宜等をはじめ、たくさんお世話になりました。また、自由大学開催に当たっては、瀬下智美さんがプログラムや参加者への資料作成、看板作成に至るまで綿密に準備をしてくださいました。

最後に、本書の作成については、パネルディスカッションと講演の原稿をすべて読み、「これは今の時代にとって必要な言葉である」と励ましてくださり、本書の構成を整えてくださった株式会社ヨベルの社長兼出版ディレクターの安田正人さんに心から感謝を申し上げます。

小高夏期自由大学東京事務局
明治学院 前学院長　小暮 修也

編著者　小高夏期自由大学事務局

飯島　信（いいじま・まこと）
1948年東京都生まれ。公立中学校教師(31年)を経て牧師となる。日本基督教団東日本大震災救援対策本部担当幹事として、釜石、石巻、仙台のボランティア活動に従事。東京YMCAと共に郡山、いわき、二本松の子どもたちの保養キャンプに携わる。現在、日本基督教団小高伝道所牧師・浪江伝道所牧師。

小暮修也（こぐれ・しゅうや）
1952年群馬県生まれ。明治学院高校長、明治学院長を歴任。現在、横浜共立学園常任理事、日本聾話学校理事。明治学院歴史資料館協力研究員。子どもが子どもの人権を守るFree The Children Japan会員。

YOBEL新書 099

心折れる日を越え、明日《あす》を呼び寄せる

手造りの再生へ向かう原発被災地の小高《おだか》から

第1回小高夏期自由大学

2024年09月13日 初版発行

編著者 ── 小高夏期自由大学事務局
発行者 ── 安田正人
発行所 ── 株式会社ヨベル　YOBEL, Inc.
〒113-0033 東京都文京区本郷4-1-1　菊花ビル5F
TEL03-3818-4851　FAX03-3818-4858　e-mail：info@yobel.co.jp

装　幀──marutt Inc.：西山里佳
印　刷 ── 中央精版印刷株式会社

配給元―日本キリスト教書販売株式会社（日キ販）
〒162 - 0814 東京都文京区関口1-44 -4
振替 00130-3-60976　Tel 03-3260-5670

ISBN978-4-911054-26-0 C0216